Coleção
FILOSOFIA ATUAL

Impresso no Brasil, fevereiro de 2011

Copyright © 1990-1998 by L'EPOS Società Editrice s.a.s., Palermo.
Copyright © Versão brasileira 2010 by É Realizações Editora,
São Paulo.

Os direitos desta edição pertencem a
É Realizações Editora, Livraria e Distribuidora Ltda.
Caixa Postal: 45321 · 04010 970 · São Paulo SP
Telefax: (11) 5572 5363
e@erealizacoes.com.br · www.erealizacoes.com.br

Editor
Edson Manoel de Oliveira Filho
Gerente editorial
Bete Abreu
Revisão técnica
Omayr José de Moraes Júnior
Revisão
Fernanda Marcelino e Patrizia Zagni
Capa e projeto gráfico
Mauricio Nisi Gonçalves / Estúdio É
Pré-impressão e impressão
Prol Editora Gráfica

Reservados todos os direitos desta obra.
Proibida toda e qualquer reprodução desta edição
por qualquer meio ou forma, seja ela eletrônica ou mecânica,
fotocópia, gravação ou qualquer outro meio de reprodução,
sem permissão expressa do editor.

Coleção
FILOSOFIA ATUAL

FILOSOFIA E ANTIFILOSOFIA

MICHELE FEDERICO SCIACCA

TRADUÇÃO
VALDEMAR A. MUNARO

Realizações Editora

*À memória de Giovanni Pusineri,
que primeiro pensou na fundação do
Centro Internacional de Estudos Rosminianos.*

Sumário

Premissa 9

Lição primeira
Filosofia e antifilosofia 15

1. A filosofia como metafísica: princípio metafísico, princípio dialético e forma real do ser. 16
2. Filosofia e antifilosofia; diálogo e antidiálogo 18
3. Antifilosofia e práxis política. Critério teórico e regras práticas 24
4. Sistema do erro e sistema da verdade...............................33
5. Rosmini crítico da antifilosofia...................................37

Lição segunda
Progresso da verdade e "diálogo" 41

1. A "forma dialética" como progresso da verdade e do erro 41
2. Necessidade do repensamento do sistema da verdade e crítica da sua esterilização ou da sua rejeição 44
3. Os termos do diálogo entre filosofia e antifilosofia 52
4. A falsa "reverência ao espírito humano" e a "tolerância" mal respondida 59
5. Ainda dos termos do diálogo verdade-erro.........................63
6. O diálogo proibido 66
7. Verdade e eficácia...71

Lição terceira
A filodoxia e suas consequências. O objeto da filosofia e o saber na sua ordem 75

1. A filodoxia sensístico-empirista e suas consequências 75
2. A verdade primeira do ser: objeto da filosofia, princípio de inteligibilidade do real e fundamento de todo saber. 84
3. O saber no seu princípio, nos seus graus e na sua ordem.............. 89

Lição quarta
Perspectiva de solução do problema da doxa no sistema da verdade................................ 99

1. Os dois postulados da filosofia. 99
2. Caráter noético do princípio fundante e caráter dianoético do real. ...102
3. A recuperação da doxa no logos e a perspectiva de solução do seu conflito. 105
4. O sistema da verdade como fundamento da Revelação 115

Lição quinta
Tradição e progresso............................. 119

1. Tradicionalismo conservador e revolucionarismo futurista 119
2. "Conciliação das sentenças" e "pluralismo filosófico"................125
3. Em que sentido a Igreja pode andar ao encontro do mundo moderno. 131

Premissa

O presente volume recolhe as cinco lições do curso, tido em Stresa de 21 a 30 de agosto de 1967, da "Cátedra A. Rosmini", fundada junto ao "Centro Internacional de Estudos Rosminianos", do qual a Cátedra é uma das mais evidentes. O nome do Curso "Filosofia, pluralismo filosófico e Antonio Rosmini na unidade da metafísica clássica" seria muito longo para o título de um livro; "Defesa da filosofia", o outro nome que pensei em substituição, muito pretensioso, pois quem o escreve é um advogado ímpar para semelhante empresa, digamos de primeira instância, mesmo se nunca de "conciliação". E assim o título da primeira lição foi promovido a título do pequeno volume, mas, no fundo, indica o essencial do tratado inteiro.

A "Cátedra" tem uma norma, embora esta não seja rígida: desenvolver criticamente e do ponto de vista especulativo um problema de viva atualidade a fim de propô-lo, uma vez mais, endereçado a uma perspectiva de aprofundamento e de solução sempre aberta, à luz do pensamento rosminiano e da filosofia clássica, pessoalmente repensados sem dogmatismos e sem apologias. O leitor se perguntará se e até que ponto as páginas que seguem estão à altura da tarefa. Decerto, algumas são polêmica apaixonada, mas não passional, páginas ditadas pela paixão à filosofia – e se o filósofo não a sentir germinar dentro de si, para vê-la depois florescer, o que poderia nutri-la? – e não por estéril acrimônia; antes, a censura aos adversários lhe é imputada, melhor dizendo, por excesso de amor à verdade e a eles. Mas essa ou outras justificativas não me salvarão de estrilos e estriladas, e é justo que isso seja asim: não posso pretender ser amado pelos medíocres ou obtusos à filosofia, os quais, apesar do respeito que lhes devo como homens, vou desmascarando em quase quarenta anos de "exercício" filosófico.

Hoje, eles formam um exército em marcha que vai semeando o "terror ideológico": "não se pode mais fazer filosofia", dizem, e menos ainda metafísica. Desse exército, as armas são conspiração do silêncio, o desprezo e os tribunais, e também a violência cultural. Sobretudo o terror. Sentir-se isolado apavora, ainda que se saiba que não faltam amigos, que, unidos, formam uma patrulha de resistentes. Posição não desprezível, antes com seu fascínio de nobreza, mas terror é terror. E assim se veem também não poucos anciãos, sobrecarregados de temor diante do espectro do ostracismo, lançando-se nas mais indecorosas ou ridículas operações de pseudoatualização e de equívocas "aberturas", aos mais irresponsáveis ou repugnantes "diálogos" a fim de parecerem *démodés*. No que me diz respeito, posso afirmar que estou suficientemente distante dos rumores deste mundo para correr o perigo de me agregar a ele, embora deva reconhecer honestamente que assim recuso um rentável afazer. Talvez este livro passe em silêncio, mas isso não me importa; no entanto, em vista do tempo em que vivemos, eis a honra que espero e que o pequeno volume merece: será um alvo a mais da atual e progressiva conspiração contra a inteligência filosófica, a autêntica cultura e sua verdadeira liberdade, que já não interessam mais. Com efeito, todos os interesses foram achatados ao nível do tomar para si e gozar aquilo que a técnica e os governantes oferecem para uma vida econômica, intelectual e espiritualmente *sans souci*. Mas, como sabemos, a inteligência não nos faz felizes no sentido animal, antes, é a morte do animal, diz Hegel; pensar é sofrer, e quem mais vê, mais sofre. Essas e outras coisas são as que fazem de um bípede um homem; mas ser verdadeiramente homem não parece um interesse digno da alta atenção de tecnocratas e de políticos, de empresários e de operadores econômicos, nem mesmo da indefectível perspicácia de sociólogos e estatísticos.

Além disso, o livro descontenta a todos: aos assim chamados tradicionalistas ou conservadores, aos revolucionários ou progressistas, e também aos moderados acomodatícios. Que "filosofia da integralidade" seria a minha caso se prestasse a acomodações unilaterais ou a etiquetas de exclusividade?

Dedico às primeiras duas filas um breve apólogo. Dois velhos numa sala, apegados à poeira, impedem a quem quer que seja de tocar minimamente o que está ali dentro: no entanto, o desuso, os cupins e as traças levam tudo à ruína. Duas crianças numa sala ao lado fazem a mesma coisa armadas de martelos: são piores que os cupins. Posições opostas, resultado idêntico: a destruição inclusive daquilo que tem valor, mas que a ambos não importa que se conserve vivo, trabalho empenhado do pensamento e das mãos. Dois fenômenos assaz semelhantes: o primeiro, de criancice; o segundo, de infantilismo, e isso não é apenas questão de idade.[1]

Gênova, 31 de março de 1968.
M. F. Sciacca

---

[1] O curso deu lugar a uma fecunda discussão, que, infelizmente, não é possível ser publicada com as respostas que dei, tratando-se justamente de um curso de lições e não de um congresso. A fim de que não se perdesse o que de válido emergiu do diálogo, na elaboração definitiva do livro, tive presentes algumas objeções e os meus esclarecimentos. Agradeço pela contribuição construtiva: Alberghi S., Amadto C., Baget-Bozzo G., Bartolone F., Bessero Belti R., Bogliolo L., Brancaforte A., Cristaldi G., Drago G., Fermiano S., Galli D., Giannini G., Padre Giordano, Imbraguglia G., Incardona N., Muzio G., Petrini F., Riva C., Rovasenda E. (di), Rivetti Barbo F., Sainati V., Tedeschi F. A., Volpi. O texto conservou o andamento das lições; daí se entendem a retomada dos temas ou argumentos, e as inevitáveis repetições.

*Quem não filosofa pela filosofia,
mas se serve da filosofia como
meio, é um sofista.*

(F. Schlegel, Fragmentos do "Athenaeum")

Lição primeira

Filosofia e antifilosofia

A cátedra, que tenho a honra de ocupar em primeiro lugar e que se inaugura com a lição de hoje, intitula-se Antonio Rosmini; portanto Rosmini será o autor fundamental deste curso. Nele tentarei precisar, em relação e em oposição àquela que chamo de antifilosofia, o que é a filosofia e que o "sistema da verdade" é único, embora não exclua – e veremos de que modo e dentro de que limites – um "pluralismo filosófico", o qual, autenticamente entendido, e falo de autenticidade filosófica, está articulado, a meu ver, dentro da unidade da metafísica clássica.

O texto rosminiano que terei presente é a *Introdução à Filosofia*, mais precisamente o discurso intitulado *Dos Estudos do Autor*, incluindo a parte sobre a Ideia da Sabedoria, integrado a outros, quando isso me parecer necessário.

Sinto todo o peso da responsabilidade que me cabe e, aqui, coloco-me por inteiro: as faltas deverão ser debitadas a quem fala e não a Rosmini, e menos ainda à verdade que buscarei, como posso, defender. Vós me escusareis; onde faltar algo, sabereis suprir com as vossas luzes, das quais, vos peço, me fareis partícipe.

1. A filosofia como metafísica: princípio metafísico, princípio dialético e forma real do ser

É "plenitude verdadeira... aquela do ser",[1] e as "naturezas filosóficas" amam sempre o estudo que mostra a elas "o ser, que sempre é e não muda por nascimento e por morte", já que "o verdadeiramente amante do aprender é feito para afrontar o ser, e não se detém ante os muitos presentes seres particulares, se antes o ser não colheu; daí se segue que "um homem de natureza vil e superficial não pode ter... nenhuma comunicação com a filosofia",[2] e quanto mais vil e superficial for a sua natureza, mais terá comunicação com os particulares pelo seu "particular" e com as opiniões que, ao redor deste, prevalecem ou ele faz prevalecer. De opiniões e coisas se arma e se enfeita; "homenzinho" "rico de belos nomes e de belos aparatos" como os delinquentes que, dos cárceres, se refugiam nos templos, salta à filosofia e crê que se tornou filósofo só porque faz passar as suas "vulgaridades" por coisa filosófica, semelhante a "um servo calvo e anão, que recentemente libertado da escravidão se enriqueceu e que, depois do banho, vestindo uma roupa festiva, se posiciona como um esposo, e finalmente se prepara a esposar a filha do patrão reduzida à pobreza e sem outros pretendentes".[3] No entanto, tal homem, mesmo que consiga unir-se à filosofia, ultrajá-la e martirizá-la, nunca poderá fazer-lhe companheira de sua vida; nem consegue vilipendiá-la, tão grande é a sua "superior dignidade".

Com efeito, a filosofia não é conhecimento ou conquista do particular, nem bagagem de opiniões: nasce, e ela é tal por

---

[1] Platão, *República*, 585b.
[2] Ibidem, 485b; 490a-b; 486a-b.
[3] Ibidem, 495c-496a.

essência, como busca da *arché*, isto é, do *Princípio* de todas as coisas; *arché* significa também "começo" ou aquilo que é desde o princípio e do qual tudo começa; e princípio do qual tudo começa é o Ser e no Ser tudo tem o seu fim; e cada ente é os seus princípios constitutivos, que são formas do ser. A filosofia, portanto, é metafísica ou busca dos princípios culminantes no Ser-Princípio, o Primeiro metafísico, que não é o princípio interno do pensar – nem mesmo daquela forma de pensamento reflexo que é o filosofar – do qual o ser é princípio interno sob a forma de Ideia presente em uma mente na sua infinitude; enquanto tal é do Ser, do qual, portanto, o existente pensante participa, como é do Ser cada ente real. Assim entendido, o ser como Ideia ou objeto interior a uma mente é o princípio de objetividade ou de inteligibilidade de cada ente; enquanto "em relação" a uma mente ou inteligência, a um existente-princípio sensitivo, inteligente, volitivo e racional ou princípio de subjetividade, e "em relação" aos entes reais por ele inteligíveis, é *princípio dialético* não no sentido lógico, mas ontológico de princípio constitutivo do ente pensante, sendo a lógica um procedimento racional segundo este lume objetivo; portanto, também ele, justamente porque é um princípio ontológico de objetividade, é princípio metafísico do homem, de igual modo àquele da subjetividade à qual está presente; como o ser, sob a forma real, é princípio metafísico de cada ente pelo fato que é um ente, ficando certo de que ambos têm o seu princípio a partir do Ser-Princípio e que o ser na forma da Ideia transcende o ser na forma do real (os entes) e na forma do existencial (o ente pensante). Portanto, cada ente é termos do ser, o qual, de cada um, é também o fim ou o ato que o realiza, ou seja, é a sua perfeição. Só o Ser-Princípio não é dialético; qualquer outro está "em relação" ao Ser, o único *absolutus*. O ser sob a forma da Ideia é inteligível, o primeiro verdadeiro, a verdade, o logos; e a verdade é o ser: este é o princípio ou a forma absoluta do saber e do pensar humano; no entanto, nem o pensamento, entendido de qualquer modo, é o Absoluto, nem a Ideia é a Verdade absoluta; esta, enquanto forma absoluta do pensar, é o fundamento do conhecer ao nível da inteligibilidade, ou seja, é aquilo que nos dá o conhecimento intelectivo do real ou do sensível; é, também, a lei moral, união da Ideia e do real e, por isso, sua perfeição.

Ainda hoje e sempre válida, portanto, a filosofia deve ser entendida como busca ou amor da verdade, mas o homem não buscaria a verdade de cada ente e de cada princípio, se antes a verdade, que as outras contêm, não estivesse presente em sua mente, isto é, o homem não buscaria a verdade se tivesse que partir do nada de verdade na mente – em tal caso, não seria sequer pensante – para recebê-la do externo, onde há apenas o real que é sentido, mas que não é verdade, mas espera ser tal; os sentidos, que fornecem sensações e não conceitos, é que podem fazê-lo inteligível. Portanto, a filosofia é busca da verdade a partir da reflexão sobre o primeiro verdadeiro que constitui a mente e a faz capaz de conhecimento veritativo ou intelectivo sobre o próprio homem e o mundo no qual vive; ao mesmo tempo e desde o início, o ser como Ideia, por essência princípio dialético do Princípio metafísico de todo princípio, orienta e estimula, por um lado, o existente em direção ao Ser-Princípio do qual procede e ao qual o existente tende mediante a sua realização última, por outro, unido ao singular na integralidade do seu ser, é prova "filosoficamente" irrefutável da existência do próprio Princípio. E, como busca ou eros, o ato de filosofar é humano e não divino, pois divina é a verdade; mas esse divino está no homem como princípio de objetividade ou fundamento do saber e é ele, dizíamos, a forma absoluta do pensamento.

2. Filosofia e antifilosofia; diálogo e antidiálogo

Nenhuma coisa supera o amor em sua intrínseca exigência de se comunicar e de comunicar: amor à verdade, a filosofia nasce como *diálogo* de pensantes e é "comunicativa" pelo logos. O diálogo é uma descoberta dos filósofos Parmênides, Sócrates, Platão, descoberta recolocada e renovada pelos filósofos de cada época, e não pelos "sofistas" Protágoras, Górgias, Trasímaco,[4] de ontem e de sempre, os quais, "amantes da opinião" ou filodoxos, e não amantes do logos, são a antifilosofia e o antidiálogo: estão, pelo viés da "argumentação" como meio de "persuasão", do debate, da controvérsia entre as várias opiniões a fim de que uma, pela força da "retórica", seja mais persuasiva e prevaleça a despeito do seu conteúdo, acerca do qual, de resto, não pode se indagar sobre problema da sua verdade ou falsidade, já que ao nível da mera doxa se está aquém do verdadeiro e do falso, questão retrocedida ao ponto de partida da ilusão que, ultrapassando a verdade, fazem que melhor se dependurem o particular múltiplo e a multiplicidade das opiniões ao redor do falso; e, assim, se perca também o particular e a opinião.

Os "corcéis inteligentes" transportam Parmênides à casa da Verdade, "meta do seu desejo"; a Verdade benigna acolhe o filósofo e assim lhe fala, "a direita na direita": "Salve, Jovem,

---

[4] Não se dê, daqui em diante, algum significado deteriorado ou depreciativo à palavra "sofista". Não ignoro a importância da sofística grega e qual reavaliação se fez dela a partir de Hegel, mas a questão aqui não nos diz respeito. Falamos dos sofistas e de sofística, de filodoxos e de filodoxia, para indicar aquela posição que, negando o princípio da verdade, o substitui pela doxa, considerada o único conhecimento do qual o homem é capaz; ela nega, por isso mesmo, o princípio do saber enquanto tal e o filosofar se põe como antifilosofia ou pseudofilosofia, que significa a "falsa filosofia" e também "filosofia do erro". A história do pensamento, do homem, é uma luta contínua entre filosofia e filodoxia, a qual, optando pelo particular e o mundano que não é o concreto, perde o logos e com ele o saber e a filosofia, que, empenhada, por sua vez, contra a filodoxia a manter inabalável o logos – para ela questão de ser ou de não ser – sem perder o mundano, antes se esforça para torná-lo verdadeiro ou iluminá-lo pela luz da verdade. No cumprimento dessa tarefa, ela é solicitada e estimulada por exigências indecliníveis que lhe põem a filodoxia ou a sofística. Assim, Sócrates e Platão, filósofos ou amantes do logos, se opõem aos sofistas, amantes das sensações e da opinião e negadores do ser ou da verdade, mas sem que ignorem o valor do mundo da doxa; Santo Agostinho, filósofo, se opõe a epicuristas e acadêmicos, aos dogmáticos do sentido e aos céticos também das sensações, mas no fundo eles professam a mesma coisa. E os exemplos históricos poderiam continuar.

que, unido aos guias imortais, sobre aqueles que te trazem, chegas à nossa casa! Não foi um mau destino, mas justiça e direito, te conduziu sobre este caminho, bem distante daquele percorrido pelos homens. É necessário que conheças tudo, o coração imutável da verdade perfeita, junto às opiniões enganosas dos mortais. Dessa via de busca mantém distante o teu pensamento...; e a fim de que possas conseguir te guie a razão na difícil busca". Diálogo com a Verdade, a filosofia, em sua "difícil" busca, guia a razão, a qual nos liberta das opiniões falazes: a filosofia é discurso sistemático e não passível de ser contraditório, mas "é necessário" conhecer tudo, a verdade "junto" às opiniões enganosas. Diálogo com a verdade, a filosofia é, para Sócrates que consumiu toda a sua vida, a parteira das mentes; mas os sofistas do tempo, os homens por detrás das opiniões falazes, lhe fizeram beber da cicuta. Pensavam, depois, os mesmos sofistas a propiciar aos jovens atenienses e da Magna Grécia a pílula anticoncepcional da verdade: a opinião mutável, da qual não conta o conteúdo verídico, mas o garantido sucesso prático até obtenção da fama e do poder. Platão é, *tout court*, o filósofo do diálogo, da filosofia enquanto diálogo da verdade, presente em nós, com Verdade em si e por si; digamos assim: com a verdade enquanto princípio dialético de importância ontológica pela Verdade enquanto princípio metafísico, da qual procede a verdade em nós que participa da Verdade em si. Somente assim, o diálogo autêntico, e Platão é desse tipo de diálogo o filósofo por antonomásia, mas, por isso mesmo, é o inimigo irredutível e não redimensionável da doxa, da qual, porém, reconhece toda a importância cognoscitiva e prática dentro da busca especulativa. Dialogam com e a partir da verdade pela Verdade Aristóteles e Plotino, Agostinho nos *Solilóquios* e nas *Confissões*, os textos do doloroso diálogo de cada um consigo mesmo.

Mas a pretendem os filósofos, mesmo os fidelíssimos das sensações, opiniões, hipóteses e convenções, para os quais não há um primeiro verdadeiro fundante nem verdade a conhecer, pois não existe verdade; por consequência, não há deuses nem Deus, não há lei moral à qual obedecer para se fazerem livres, não há princípio de justiça sobre cujo fundamento se faça justiça a cada um, pois, expulsa a verdade, partem em exílio também *themis* e *dike*. Há somente a sensação prazerosa para quem a sente como tal, a opinião à qual se deve dar aparência de verdadeiro sem que algum verdadeiro "compareça". Assim procedem os sofistas de cada época, os destruidores do ser e, com ele, do logos, do princípio de objetividade, lume da razão; ao discurso sobre o Ser de Parmênides, Górgias contrapõe o seu *perí toû mè óntos*; ao conceito socrático, Protágoras, opõe a sensação e Górgias, a doxa.[5]

Sim, além dos "clássicos do logos" – e cada um do seu ponto de vista ou perspectiva pessoal é um "clássico" como filósofo somente se for filósofo do logos –, existem também os "clássicos da doxa" ou da antifilosofia, Górgias e Montaigne, Hume e Kant; Protágoras e Locke e Marx e mais outros mil: somente a antifilosofia os induz a revolver o logos próprio do homem e o Logos que é Deus fazendo-os ceder à "tentação" ratio-vitalística do mundano e, por isso, da opinião multíplice. Nesse sentido, a sofística ou filodoxia é o momento antifilosófico e satânico interior àquele filosófico; é antifilosófico não porque o sujeito pensante leve em conta a sensação e as opiniões, que devem necessariamente ser levadas em conta, mas porque se abandona ao peso do mundano ao ponto de provocar a superação do logos, momento do erro que corresponde àquele do mal no plano da ação; enfim, lhe é interior

---

[5] Repito que aqui não se quer ignorar, tampouco diminuir, a importância da sofística grega e de cada tempo, mas somente individualizar, como momento interno ao filosofar, a antifilosofia da doxa em reação e contraposição à filosofia do logos, a única que é tal. Por isso, aceito as observações precisas contidas na inteligente intervenção do Prof. Incardona, ao dar um lugar à parte, no interior da sofística grega, sobretudo a Górgias, conquanto, embora dentro da filodoxia, leve em conta, dialeticamente, o logos e, por isso, a sua argumentação é mais "sofosofia" que filodoxia.

pela condição do homem no mundo e a sua finitude, de onde sua *insecuritas* permanente, que exige a reflexão vigilante, o constante exercício em vista da recuperação do plano veraz e do aprofundamento para o cultivo da humildade.[6]

Eis a tremenda tentação da autossuficiência: o homem, fanático pela vida e por aquilo que ela lhe oferece e cego pelas suas possibilidades, ilude-se de que é capaz de conquistá-la, desvinculando-se do Ser para se lançar por inteiro no mundo em vista de uma pretensa pseudoliberdade total que apenas a multiplicidade das opiniões avulsas lhe será capaz de garantir; mas isso nada mais é que uma queda qualitativa do plano da existência àquele vital, da humanidade à animalidade mediante o artifício da pura razão calculista e organizacional, verdadeiro aviltamento da sua dignidade de ente pensante e desconhecimento da sua prerrogativa de sujeito moral. Resistir a essa tentação não quer dizer rejeitar ou desconhecer a doxa, antes, significa recuperá-la para a verdade naquilo que tem de positivo; não se trata, aqui, de uma "concessão" ao mundano, mas de reconhecimento da utilidade, para a vida

---

[6] O problema logos-doxa ou filosofia-antifilosofia não é abstrato nem é colocado abstratamente; cada homem enquanto tal é este problema, antes, este conflito vivente e sofrido com o qual está comprometido, integralmente, em cada ato cognoscitivo ou prático, enquanto ser sensitivo, intelectivo, volitivo e racional. Com efeito, cada homem é sentimento corpóreo e espírito, vida e existência; por isso mesmo é *aisthesis*, *doxa* e *aletheia*, é ele mesmo a filosofia e a antifilosofia, isto é, enquanto homem, não apenas é capaz da verdade e da doxa, mas também – seu limite ontológico – capaz de filosofia e filodoxia; e filósofo é quem consegue conservar, sob atenção, com inteligência, o filodoxo que está em espreita ao seu pensar *ex veritate*. Com efeito, toda vez que o homem tenta tornar verdadeiras as sensações e opiniões, necessárias à sua vida no mundo, segundo o princípio da verdade, ou as põe em relação, isto é, as dialetiza, com o princípio dialético, recuperando, no plano veritativo, todo o campo do sentir e do opinar, assim pensa, conhece e age segundo verdade e vence a tentação da antifilosofia. Se, ao contrário, pelo obscurecimento do lume da razão, se deixa enredar por sua natureza animal-racional, coloca aquela, sendo cúmplice a vontade escravizada, a serviço da pura vitalidade e de quantas sensações e opiniões possam satisfazer também os desejos e as paixões mais aberrantes: esta a antifilosofia que, negada a verdade, nega toda forma de saber, o verdadeiro próprio de cada "ciência" humana, moral, jurídica, econômica ou qualquer outro que seja. Cada homem é esta constante e dolorosa "agonia".

e o aperfeiçoamento do homem, das preocupações do logos. O diálogo logos-doxa, repito, é interior à filosofia, que é tal quando, de uma perspectiva qualquer que seja, sabe mantê-lo à altura do primeiro; do contrário, torna-se "debate" contra o próprio logos, a partir das regiões inferiores da doxa, o que significa perder a validez da opinião e da verdade, se tudo isso está fora do filosofar, fazendo-se então bem outra coisa. O filósofo não pode não considerar o filodoxo e a filodoxia, não só para não se fazer surpreender pelo assalto da tentação do mundano ativamente presente em cada homem – e no mundo de tanta mentira que, escreve amargamente Karel Capek, apenas por desatenção a verdade vem à tona –, mas para poder desativar a carga negativa da opinião, que tende à destruição do logos pelo peso do que é mundano e pela ilusão de conquistá-la melhor sem a verdade a fim de melhor "satisfazer-se com ela": eis a necessidade de se fazer uma verdade a partir da verdade primeira, da qual procedem todos os verdadeiros. Em clara alusão a Platão, podemos dizer: retorno do filósofo do sol da verdade ou do ser à caverna, este nosso mundo, para iluminar quantos cavernícolas nele vivem ainda seduzidos pelas opiniões, e não sabem que é o Bem e a Justiça e, porque não sabem, se revoltam quando, libertos, encontram o sol:[7] o mundo não é mais uma caverna, mas a boa casa "ordenada" dos homens, grande expectativa de que cada um se prepare

---

[7] O puro filodoxo, ao invés, ou corre atrás do poder para se servir dele aos seus fins sem se preocupar em educar os outros ao bem ou à verdade que do resto nega, ou recusa o comando para viver a vida prazerosamente. Este último é o caso da filodoxia que podemos chamar hedonística, do tipo daquela de Aristipo, o qual objeta a Sócrates, depois de ter concordado que o homem de governo deve ser virtuoso e sábio, que ele se recusa a colocar-se entre aqueles que querem comandar, coisa "digna de homem insensato" (*áphronos*), já que, além de providenciar as nossas necessidades, é preciso providenciar aquilo do qual necessitam os outros cidadãos, aos quais é preciso prestar contas da própria conduta. É "grande insensatez" (*pollé aphrosúne*) servir os outros quando se pode ser servido pelos próprios escravos. Só "aqueles que desejam ter muitas ocupações para si e para os outros, educando-os como se disse, esses eu considero aptos ao comando; quanto a mim, me coloco entre aqueles que querem transcorrer a sua vida no modo mais fácil e prazeroso possível" (Xenofonte, *Memorabili* II, 1,1).

para a viagem em direção à outra morada. Se, porém, há somente a opinião do particular, e miríades de opiniões ao redor de inúmeros particulares, e rejeitamos a verdade, antes dizemos que ela não existe, então a respeito de cada coisa e tudo promovemos mútuo intercâmbio de medíocres mentiras; e a vida de cada um de nós, engolida "no pobre querer de objetos mesquinhos", se apaga, escreve Schopenhauer, "acompanhada por uma fila de pensamentos triviais".[8]

3. Antifilosofia e práxis política. Critério teorético e regras práticas

Platão define[9] a doutrina de Protágoras como a que aboliu o ser, ou seja, o princípio da inteligibilidade pelo qual a mente é mente e o real é inteligível, supressão, esta, comum a Górgias; por outro lado, os sofistas preparavam para a carreira política e para o exercício dos cargos públicos. Os dois aspectos da filodoxia se manifestam sempre unidos e, com efeito, são inseparáveis: posto que não existe a verdade e menos ainda a Verdade-Princípio e, portanto, tampouco existe um princípio moral incondicionalmente vinculante, daí se segue que existe somente a vida num mundo de opiniões, e que devemos nos ocupar dela a fim de realizar todas as nossas possibilidades. Nada mais resta que ensinar e aprender a pura práxis social, política e jurídica, cujo critério, negada a verdade, é somente o útil, o cômodo e o prazeroso obtidos, o mais das vezes, pela via mais fácil. Isso, porém, é regra prática e não teorética; por isso mesmo, não é moral, mas é variável segundo as circunstâncias ou as situações às quais se adapta ou é chamada a modificar a

---

[8] *O Mundo como Vontade e Representação*, livro IV, § 58. – Para algumas observações feitas a propósito de filosofia e filodoxia, de "clássicos" de uma ou de outra e das suas relações, tomei nota de algumas luminosas passagens da densa conferência de Maria Adelaide Raschini sobre "Gentile, classico", feita no Encontro "Gentile, filosofo" que teve lugar em Milazzo entre 9 e 12 de outubro de 1967.

[9] *Teeteto*, 152d.

seu favor, e segundo as opiniões que pouco a pouco emergem da própria práxis, até o momento em que conseguem prevalecer: o método pode conduzir, conforme a variedade dos casos, a formas de cioso conservadorismo por adaptação, ou por eversão total e violenta. Negado o momento filosófico ou teórico, não é mais possível uma filosofia da moral, da sociedade, do direito; morta a verdade – só a Ideia do Bem dá a verdade às coisas conhecidas e a faculdade ao cognoscente[10] –, prospera apenas a opinião, a cujo nível são rebaixadas todas as atividades humanas, pessoais e sociais, e o homem como tal. Não se ensina, portanto, a uniformizar as várias formas de práxis mediante um único princípio de verdade, mas a habilidade de manobrá-las ou manipulá-las sob todos os aspectos por mera utilidade ou comodidade individual ou coletiva; não se ensina sair ao sol, mas a viver na obscuridade da caverna aperfeiçoando-se, sempre mais, na enumeraração, contagem, descrição, cálculo e organização de todas as coisas, como hoje vemos, em vista de uma expansão sempre maior do mágico binômio produção-consumo, a cujo nível é preciso reduzir também a "produção" intelectual e espiritual.

Essa posição não se limita a reconhecer o que de positivo e válido existe na sensação e na opinião, no particular e no mundano, mas simplesmente nega a verdade e tudo que é verdadeiro; por isso mesmo, impede que o plano do opinável e do particular não se torne de algum modo verdadeiro ou seja subtraído à pura subjetividade, que necessariamente impulsiona cada empenho no mundo, e o plano político, no sentido mais amplo, passa a se identificar com o momento vitalístico-econômico, também este não passível de ser veraz. Por último, sobrevém a vontade de poder:[11] o prazer, o cômodo, a utilidade do mais forte: vontade de posse disso e daquilo e de sucesso a qualquer custo. Não é errada ou má a atividade

---

[10] Platão, *República*, 508d-e.
[11] Não há nenhuma alusão a Nietzsche.

mundana enquanto tal; ela se torna má, caso se negue o princípio de verdade ou do ser, a cuja ordem intrínseca deve se uniformizar, justamente para realizar a sua tarefa de práxis econômica, política, jurídica, social ou qualquer outra: apenas assim se reconhece toda a positividade da sensação e da opinião, do particular – satisfazer as suas instâncias –, que é, enfim, saciar uma indeclinável exigência do homem. Por isso, quando um filósofo – Platão ao confrontar-se com sofistas de seu tempo; Rosmini no que diz respeito aos iluministas e a Kant – põe-se em posição de batalha contra os filodoxos, não nega, com efeito, as razões do particular nem se faz surdo às exigências e aos problemas que este põe. Porém, contra os que o tacham de "abstrativo" porque fala de Ser-Princípio e de verdade primeira, mas não sabem o que dizem, e o acusam de "perda de tempo", monopolizando a condição honrosa de "filósofos", não compreendendo, no entanto, o que é a filosofia, contra estes, pois, Rosmini objeta que, se se nega a verdade, então todas as opiniões são erros,[12] e o próprio particular, isto é, o mundano, é traído justamente nas instâncias que propõe, e as suas exigências travestidas e transviadas: tal é o preço da recusa do ser.

Em nenhum caso, a práxis pode ser elevada a princípio fundamental, erro inicial de todo empirismo e pragmatismo que pretendem se colocar como filosofia ou eliminá-la. Em nenhum caso, de fato, um particular ou inúmeros, uma ação ou atividade prática enquanto tal podem se substituir ao princípio da verdade, seja por se colocar em seu lugar, seja por negligenciá-lo. Com efeito, quem nega esse princípio porque a práxis lhe é deforme ou o desmente ou o contradiz, serve-se da práxis para julgar um princípio teórico. No entanto, o prático é critério e é válido somente se pressupõe o princípio

---

[12] Neste sentido, como veremos, a filodoxia é o "sistema do erro", na medida em que nega a verdade em nome da sensação e da opinião, que, em si mesmas, não são erros.

da verdade que pretende substituir ou eliminar, do contrário a práxis é mero empirismo, acúmulo de fatos particulares, mesmo sendo eles regulados por normas empíricas conforme a diversidade dos casos. Por outro lado, a denúncia do desmentido ou da deformidade da práxis pelo princípio não implica a renúncia a ele por ser inepto ou falso, mas a confirmação de sua veracidade, pois, do contrário, não teria sentido dizer que a práxis o contradiz; daí se segue que por mais que esta última possa contradizer o princípio, este permanece fora de discussão, justamente porque é ele que coloca em discussão toda práxis qualquer que seja ela. Em outros termos: se se coloca em discussão o princípio da verdade e, com ele, o princípio moral e "se fundamenta" na práxis, princípio e lei para si mesma, então a práxis fica privada do fundamento teórico em função do qual ela pode ser colocada em discussão; assim, no entanto, não há mais o que discutir sobre a práxis, nem é possível condenar alguma delas, antes de fazer prevalecer, por todos os meios, a práxis que faz melhor o útil e o prazer de um indivíduo, de uma parte, de um grupo, de modo que tudo, seja o que for, passa a ser permitido e lícito. Para exemplificar: a fogueira de Giordano Bruno e a condenação de Galileu ou eventos ainda mais desconcertantes não podem ser assumidos como princípio ou critérios – absurda extrapolação de um ou infinitos fatos erigidos à condição de princípios – para denunciar, como é frequente, a falsidade do catolicismo, ainda que possam valer, levando em conta a época, de juízo sobre a catolicidade que não quis agir segundo a verdade da sua fé; do contrário, se, em função da práxis assumida como princípio se faz saltar a verdade, toda verdade filosófica, religiosa, teológica, em nome de qual verdade se condena aquela fogueira e qualquer outra fogueira? Todas as fogueiras, todos os extermínios ficam assim justificados. Se, ao contrário, nós os condenamos e nos empenhamos para que a humanidade não venha a repeti-los, então, implícita e explicitamente, o fazemos em função de uma verdade, da verdade primeira da qual procedem as outras, isto é, do próprio princípio do saber e do pensar, o único que pode ser princípio, guia e lume de toda práxis; e, como princípio, é teorético, porque a verdade é assim. E se hoje uma esquálida procissão de medíocres, chamados de "empenhados" pela crônica jornalística, levanta cartazes louvando a morte da verdade e da filosofia a fim de obter para si honras e benesses, então que tal procissão desfile mesmo! A manifestação é velha como a "estupidez" humana, que, desde sempre, nega e ironiza, com conformismo desencorajante, as coisas que "não sabe ver", enquanto o mais antigo do homem é o lume de verdade pelo qual é inteligente e pensante, ele o princípio do qual procede o filosofar, que nos permite refletir sobre nossa vida para compreendê-la um pouco, a fim de conduzi-la, cada um como pode, mas com toda a boa vontade, segundo a sua ordem verdadeira, a ordem do ser.

Que o mundano, não fundado sobre o princípio da verdade, ficará por isso mesmo travestido e transviado, é o que nos diz ainda Platão:[13] a *edoné* pertence ao *ápeiron*, ao ilimitado; o *péras* pertence ao *noûs*; no ilimitado, e por isso, na *edoné*, está o "mais e o menos" (*mallon* e *étton*), que não tem um "fim" (*télos*) nem um "quanto" determinado (*posón*); portanto, não há medida, já que esta, se existisse, anularia o mais e o menos, seu caráter essencial. Por outras palavras: se o ilimitado aceita a medida, deixa de ser o que é, já que perde o mais e o menos que lhe são essenciais; para não negar a si mesmo, deve rejeitar qualquer medida; mas o *adoné* pertence ao ilimitado; portanto, ele rejeita a medida, isto é, toda norma ou princípio, que, por outro lado, não pode mais se dar ou retirar de si mesma; enquanto "não vê", põe-se contra todo princípio contentando-se com as "regras do trânsito" humano em busca de uma ordem empírica de convivência a mais cômoda possível, ainda que desgraçada. O resultado

---

[13] *Filebo*, 24b-25b.

é a atrofia do espírito e o término de todo valor, inclusive o econômico, reduzido a valor meramente hedonístico-econômico, em relação ao qual os outros são instrumentalizados, e, por isso, é causa de conflitos e de lutas, alimentados pelo ódio e pela ânsia de dominação. Com efeito, a filodoxia – e não é preciso distinguir entre a "melhor" ou a "pior" já que se trata de graus dentro da mesma posição – coloca tudo, da moral à religião, no mesmo plano, identificando o bem ao prazer, ao cômodo, ao útil, ao sucesso, relegando a justiça e Deus ao reino das invenções dos homens ou das convenções que devem ser combatidas como contrárias ao "direito de natureza", cujos instintos são as únicas leis válidas e libertadoras. Assim, a economia, a sociologia, a estatística ou qualquer outra ciência, entendidas somente como ciências empíricas, são o termômetro e o barômetro da temperatura de uma sociedade "estruturada" dessa maneira e do tempo que ela faz.

Não estamos aqui identificando a política, ou qualquer outra atividade humana enquanto tal, à sofística, mas estamos dizendo outra coisa: se a ação política – a qual, enquanto práxis, é, ou deveria ser, necessariamente livre e, quando oportuno, despreconceituoso confronto e alternativa de opiniões diversas, permutáveis ou modificáveis conforme as situações concretas: o dito realismo político – nega o princípio de verdade ou, embora possa admiti-lo, não se fundamenta nele, e lhe vira as costas, não confia unicamente nas opiniões subjetivas, que são sempre tais, mesmo que sejam de uma multiplicidade-maioria. Na ausência, porém, de um critério objetivo ou teorético que não é passível de ser derivado da práxis, o único que as pode qualificar e dar-lhes "medida" e "ordem", fazendo com que a maioria seja "concreta" e não somente empírica por quantidade numérica, obriga, dada aquela ausência, a colocar a práxis como sendo ela mesma princípio e sistema – nesse caso sistema do erro –, reduzindo a ela o direito, a moral, a religião; isto é, não pode não se pôr como a única "filosofia". Mas justamente nisso consiste a não filosofia ou antifilosofia uma vez que nega o princípio do pensamento e subordina cada valor, também ele reduzido à opinião, à práxis político-econômica.[14] Daí resultam:

a) a desordem camuflada sob o falso ouro da programação, organização, planificação e racionalização; desordem que faz de uma sociedade, dominada pela doxa e escrava do mundo, um alucinante bando de monomaníacos obcecados pelo poder e pelo sucesso, sob qualquer forma que possam ser exercidos ou obtidos; sociedade escrava de toda opinião e ação, de cada etapa atingida, de cada degrau de uma escada que deve ir ao *ápeiron*: quem confia na doxa e no mundo e só neles crê, insensível a todo chamado do eterno e, por isso, privado do verdadeiro sentido e valor do tempo, não pode não apostar no sucesso, já que *doxa* significa também a opinião que os outros fazem de nós, e basta que se construa uma única opinião social e mundanamente produtiva para que a "fama" corra e que "se fale" de nós, não importa o quê, e se manifeste a "gloria mundi". E por essa glória que passa, mas não há outra – e por essa opinião que muda, já que não há verdade –, buscam-se respostas num automóvel ou num televisor: mais que pela fome, os homens estão incomensuravelmente dispostos a qualquer delito ou vergonha, ao *bellum omnium contra omnes*. Essa

---

[14] Assim diz Marx, na segunda das *Teses sobre Feuerbach*: "A questão referente a se ao pensamento humano diz respeito uma realidade objetiva, não é uma questão teórica, mas prática. É na práxis que o homem deve demonstrar a verdade, isto é, a realidade e o poder, a imanência do seu pensamento. A discussão sobre a realidade ou não realidade de um pensamento que se isole da práxis é uma questão puramente acadêmica". Aqui Marx, por não ser filósofo, confunde a eficácia prática e operativa com a verdade, não levando em conta que são eficazes e operativos também o erro e o mal, e que a questão da verdade ou não verdade de um pensamento é apenas teorética, sem que isso signifique ou comporte isolamento da práxis; mas a questão da eficácia prática é distinta e subsequente.

fome, porém, é insaciável e crescente porque tem como medida e ordem o seu excesso e a sua desordem. No diálogo, o interesse desinteressado pelo outro não é mais uma coisa natural, mas é substituído – estou parafraseando W. Benjamin – por perguntas, carregadas de inveja e prontas para o ódio, sobre o preço dos sapatos ou do guarda-chuva, sendo inevitável, em cada discurso, o tema das condições de vida daqueles com os quais estamos falando, sejam eles próximos ou muito distantes. Assim, seja o nosso bem-estar maior ou menor, todos passam a ser rivais aos quais se deve prestar atenção, uma vez que, de um momento para o outro, podem nos levar embora o cavalo ao qual Caracalla confiava a sua fama. Assim, o antidiálogo da doxa substitui o diálogo da verdade e o discurso com o outro pelo bem do outro, que só existe se existir a verdade, é suplantado violentamente pela diatribe e pela força das cotoveladas;

b) o pluralismo político, indispensável à democracia – quanto mais partidos, mais correntes de opinião –, transforma-se em pluralismo de opiniões diversas que excluem qualquer critério objetivo; transforma-se também em política que tiranamente se põe como "politicismo" que reduz a validez de cada valor para que possa "funcionar" politicamente enquanto for capaz de "funcionar" assim. Tal pluralismo é ainda aplicado pesadamente à filosofia, à cultura, à moral e à religião; daí os tantos pluralismos, que fazem hoje a "beatice" de não sei quantos "clericais" dialogantes: negros, vermelhos e verdes. Tudo se politiza ao nível de uma política que admite somente a doxa e tem sempre, na ponta da língua, o pântano do econômico; cada coisa se desnatura, perde a verdade que lhe é própria, para ser confiada apenas ao jogo das opiniões possíveis ou prováveis, oportunas ou idôneas segundo as circunstâncias, as situações e os interesses. No entanto, isso não é um critério de verdade, mas só um método, desastroso para a própria política, porque a priva da própria verdade, a qual procede, como qualquer outra, da primeira verdade, o ser, que é o princípio de todo saber. O problema não é discutir e falar intensamente de filosofia em termos de economia, ciência, sociologia e, talvez, de estatística, mas de discorrer filosoficamente – sobre o fundamento do ser e dentro da sua ordem que é o mesmo da verdade –, sobre aquelas e outras formas de atividade humana cognoscitiva e prática. Se não for assim, se reduz o momento filosófico, ou verdadeiro, ao econômico, ao científico, ao sociológico ou a qualquer outro que seja, o que significa negá-lo. Nesse ponto, na ausência da verdade, não há mais "discurso" sobre coisa alguma, mas só a massa ou o caos das opiniões, perdendo-se também o *verdadeiro* sentido de cada valor que, porém, é "inteligido" e colocado em seu justo lugar, isto é, segundo a ordem do ser, mediante a verdade primeira, que é a forma do pensar. Veremos em que sentido e dentro de que limites se pode falar de pluralismo filosófico, teológico e religioso, mas repetimos que a filosofia tem como objeto de reflexão o ser, forma absoluta do saber ou princípio de verdade, que não é a mesma coisa que opinião, seja ela qual for; a teologia tem como critério a Revelação e o Magistério infalível da Igreja: *no interior destas medidas invioláveis* são possíveis renovações ou infinitos pontos de vista filosóficos e teológicos, e até mesmo hipóteses – antes, cada filosofia da verdade, justamente porque dá ao sistema uma nova forma dialética, põe em discussão todas as outras filosofias que nele se inscrevem –; mas, fora ou contra elas, é o oposto do sistema do erro em suas inumeráveis formas. Nem se diga que os filósofos do sistema da verdade, e somente eles o são, seriam visionários ou egoístas descompromissados: Platão, Aristóteles, Agostinho, Tomás, Campanella, Rosmini, justamente eles, sobre o fundamento desse sistema, formularam grandes concepções políticas; declararam-se reformadores da sociedade indicando à práxis política a sua ordem dentro do ser segundo sua ordem intrínseca. E os que sobem ao Ser, na caverna, veem melhor que os outros; não lutam pela conquista do poder, mas, pensando no bem, tudo providenciam para o bem de todos.[15] Por isso, não são "revolucionários", não são como os que acham mais fácil, diz Dostoiévski, cortar as cabeças do que ter ideias na cabeça, mas não as têm: empiristas, sensistas, materialistas como são, só têm opiniões rebeldes à verdade, sensações "transformadas" e, frequentemente, paixões sanguinárias por não serem feitas verdadeiras pelo lume do intelecto.

4. Sistema do erro e sistema da verdade

A essa postura, tal como a expusemos e procuramos precisar até aqui – chamamos filodoxia ou sofística ou *sistema do erro*, oposto ao *sistema da verdade*, ou *filosofia do ser*, a qual assume como seu objeto interno e ponto de partida o princípio da inteligibilidade, a verdade primeira ou princípio dialético no sentido anteriormente esclarecido; desta altura, a filosofia "vê" o mundano – por isso não é "estúpida" em relação a este como o é o mundanismo quando nega o princípio, não visto, do pensar e com ele o saber filosófico e cada saber – e procura entendê-lo para satisfazer, nele, as indeclináveis exigências.[16]

---

[15] Platão, *República*, 519e; 521a.

[16] O sistema da verdade vai ao encontro de muitas e ásperas dificuldades e, por isso, a busca ou o filosofar é perene aprofundamento, infinitas são as perspectivas; mas, quaisquer que sejam as aporias devidas aos limites do pensamento, o filósofo tem o dever de resistir à tentação de negar o princípio da verdade, que é a rejeição da filosofia, contradizendo assim a sua natureza de filósofo; com efeito, se o homem nega a verdade primeira, o ser, "não haverá um ponto

Mas justamente porque dialético e infinito, o princípio, como já foi dito, estimula, por dinamismo intrínseco, o existente na sua integração ao Princípio metafísico, ao Ser Princípio; daí se segue que cada homem, constitutivamente e em cada ato seu, é, ao mesmo tempo, empenho total no mundo e empenho absoluto por Deus: "olho ao mundo", de e pela verdade feita inteligível, em vista do fim supremo e não mundano próprio seu e de todo criado, no "exercício" duro e contínuo de resistir à sedução da doxa, que tenta "persuadi-lo" de que seu único empenho é este mundo e seu único fim é dominá-lo – embora seja um instrumento idôneo, a política se vê reduzida à organização do econômico, ao qual tudo é subordinado e submetido – em vista da felicidade temporal, já que não há outra além por vir. Os dois sistemas se encontram a "dialogar" em cada homem e em cada época. De fato, o momento sofístico não é apenas grego; ele retorna sob outras formas no iluminismo de 1700, bem como no neoiluminismo de hoje, do qual o marxismo, nas suas várias tendências e "heresias", é só um aspecto ou momento, sendo, o outro, o medíocre e multicor império da práxis do mundo que se qualifica "Ocidental". Portanto, história da verdade e história do erro sob formas e modos diversos, indissoluvelmente ligados, sendo cada homem, enquanto tal, capaz de verdade e de erro, de bem e de mal; há épocas em que prevalecem os filósofos sobre os sofistas e outras em que os sofistas predominam e prevaricam, sendo mais frequentes estas últimas, uma vez que, como diz Platão, raros são os filósofos.

Entre os dois sistemas, há um ponto de vista que se liga de novo àquele do erro; embora assuma atitude polêmica, no fundo não é propriamente crítico porque mantém seu o mundanismo intransigente e sua empiricidade radical: se a vida social e o mundo dos homens, aqueles que desencantam os

---

ao qual possa dirigir sua mente" e "anulará totalmente a força da dialética" (Platão, *Parmênides*, 135b).

"engajados" – busca avidamente o sucesso e a riqueza, nada mais que tirania do econômico e aposta vulpina no poder – este mundo, estas apostas e esta sociedade, onde a virtude é só máscara ou hipocrisia, são o depósito do banal e do mesquinho (e "trivial" de Baudelaire); a recusa, o protesto e o anticonformismo, a rebelião e o mal escancarado são suas únicas armas, mesmo se obrigam a uma vida marginal aos poucos "refinados" e sensíveis a outros valores, mas isso é feito não para ultrapassar o mundano, mas para apegar-se a ele, a nítida ruptura com o plano ético-político-social, da altura do "plano estético" em nome da arte pela arte, da forma indiferente ao conteúdo: seja mesmo um engano, todavia faz saborear sensações sublimes e viver ilusões deslumbrantes; não induz à hipocrisia, o único pecado que se pode evitar, já que todos fazem mal, mesmo aqueles que pregam o bem o sabendo "decorosamente" esconder. Na falta de verdade e de um Deus verdadeiro, entre as opiniões medíocres e vulgares, todas elas meras convenções para uma vida destinada apenas a crescer e a engordar, resta o magnífico engano da beleza, ou melhor: o deixar-se "persuadir" pelo discurso poético e pelo prazer – como já o dissera Górgias –; com efeito, não vale a pena, e valeria se fosse verdade, pela trivialidade da doxa, privar-se das mais exóticas sensações de beleza, das emoções que subvertem, dos prazeres "excepcionais" e "proibidos", alucinantes, fruto de "misturas heterogêneas", segundo a frase de Novalis; esses prazeres, entre outros, arrancam do insuportável tédio da vida de cada dia. Assim, toda a esfera do prazer, rebelde platonicamente a toda medida mesmo moral e religiosa, é transferida no plano estético, relegando o útil ao plano da trivialidade. Mas o esteticismo, embora não seja tudo, e o decadentismo, enquanto ficam no nível do mundano e da doxa, não resgatam o prazer nem mesmo o belo e a arte, aos quais não podem dar alcance ontológico e um conteúdo de verdade. Com isso, confirmam a condenação platônica desse tipo de arte e de beleza, marcam o encapsulamento na doxa que rejeitam em nome do valor estético, também isso doxa e, por isso, "trivial" mesmo se refinado: sofisticado, além de sofístico. Com efeito, o mundanismo do prazer refinado e da beleza sutil, aquele do massivamente prazeroso e o do útil, embora se oponha – conquista "material" do mundo, este; sua rejeição por uma ilusão estética, o outro – são duas faces da mesma moeda, a saber, a do mundanismo feito só de opiniões não verdadeiras; juntos, desde o século XVII até hoje, eles prevaricam na cultura mundial, como as "duas ciências mundanas: a estética e a economia".

Há ainda outra perspectiva, que se põe somente por parte do mundo, e que nega a existência da verdade, e, por consequência, de um "outro mundo"; além disso, desse sistema do erro se extraem consequências extremas mediante um autêntico sofrimento de desespero, que nos faz pensar ao menos em uma poderosa nostalgia do verdadeiro e de Deus, a qual é sempre exigência filosófica e religiosa mesmo se maltratada: se a verdade não existe e se existe só esta vida da qual carregamos o peso, nada vale a pena e nem mesmo o fato de continuá-la; este mundo, onde o mal e a dor massacram sem por quê, não merece existir; melhor é deixá-lo se extinguir ou destruí-lo; e o suicídio, para alguns deles, é um bom começo, ou melhor, é um protesto que qualifica o homem no plano moral. Leopardi, Schopenhauer, Nietzsche, France, Michelstaedter, os primeiros nomes significativos que nos vêm à memória, foram os inimigos declarados dos vários iluminismos progressistas e do mito da "felicidade" na terra, alimentado pela estupidez da vitória definitiva sobre o mal; tais pensadores, não obstante eles, que nos propõem novamente o tema da verdade, do princípio do saber, objeto da filosofia, confirmando, mesmo que negativamente, a nossa tese de que existe uma só filosofia verdadeira, a filosofia do ser. Sua doxa pode ser qualificada como um "convite" ao problema do verdadeiro e, por isso, como negação de si mesma, do pessimismo aniquilante que, no fundo, à semelhança do esteticismo, com o qual tem muita afinidade, é a consequência extrema e absurda deste negativo inicial: não há verdade, não há Deus; portanto, vai-se do Nada ao Nada. Mas o Nada não existe se não há o Ser, ao qual é relativo, enquanto o Ser é absoluto: o nada entra, embora não entificado, no princípio dialético, mas não entra no supremo Princípio metafísico.

5. Rosmini crítico da antifilosofia

Isso posto, o diálogo, em cada época, entre os raros filósofos e os muitos sofistas tem um só objetivo por parte dos primeiros: a luta radical contra a sofística em defesa da forma ou do princípio do pensar – a filosofia defende o seu direito à existência e com ele o saber sob todas as suas formas – e, ao mesmo tempo, defende a disponibilidade ou abertura às exigências do particular para libertá-lo da apropriação por parte do sistema do erro e satisfazê-lo naquele da verdade. Por isso Rosmini, no *Discurso sobre Estudos do Autor*, declara que se propôs a, desde o início, como primeiro objetivo, combater os erros dos sofistas modernos, já que o verdadeiro obstáculo ao progresso do saber é o erro, o "astuto ilusionista" que se veste sempre de novas formas, que se veste das aparências da verdade e se apresenta justamente como "sofisma", ou seja, aquilo que é aparentemente verdadeiro e substancialmente falso; aquilo que amamenta, bajula, seduz e vai ao encontro do que nos tenta, ao encontro de nossos instintos animais e humanos.

Das idades "quase consagradas ao erro", uma é o século XVIII, na qual "os sofistas (...) ocuparam o reino das opiniões: o livro de John Locke (1690) foi o sinal do começo deste novo período de vulgaríssimas e também eficacíssimas falácias. Daquele momento em diante, os homens, desviados das mais firmes e salutares verdades, foram iludidos e engaiolados pelas aparências de utilidade e, com magníficas promessas de um facílimo saber nunca dantes conhecido: as mentes lisonjeadas receberam em si, com dócil gratuidade, opiniões e erros grosseiros no âmbito das coisas religiosas, no da moral, em todas as questões mais graves e mais importantes à salvação e à vida do homem no tempo e na eternidade".[17] Juízo exagerado se tomado em sentido absoluto, mas justo se referido ao conceito que o empirismo da época e o de todos os tempos têm da filosofia, e que traz como consequência a desvalorização de toda forma de cultura, caída assim na vulgarização e no enciclopedismo. Nem é o caso de se objetar que em meio a tantos erros o século do Iluminismo enunciou verdades, particulares e parciais, embora úteis aos fins do progresso humano, porque essa objeção diz respeito a outro discurso que faremos a seguir; aqui se está falando do conhecimento que é saber e daquela forma de conhecimento que é a filosofia em seus embates contra a filodoxia e do empenho do filósofo em combatê-la, mesmo que em benefício da própria doxa.

O filósofo deve examinar "todos os assentimentos mais ou menos gratuitos", distinguir "os que se dedicaram ao verdadeiro dos que se dedicaram ao falso" de modo a eliminar os erros que produziram, o filósofo deve ser fiel ao sistema da verdade, tendo como fim remover os obstáculos ao progresso filosófico. Com efeito, "o verdadeiro e o falso são uma qualidade dos juízos e dos assentimentos do homem. Se o homem dá assentimento àquilo que é, o seu assentimento é veraz: se assente àquilo que não é, o seu assentimento é mentiroso... Portanto, o assentimento que damos ao verdadeiro é o que nos coloca em posse do verdadeiro, fora do qual não se acha ciência, mas somente *ignorância* ou *dúvida* que é uma ignorância maior, ou finalmente o *erro* que é a ignorância máxima". O assentimento que damos tão somente pela eficácia da

---

[17] A. Rosmini, *Introduzione alla Filosofia, Degli Studi dell'Autore*, n. 4. A seguir, esse escrito será citado com a sigla *D. s. A.*

vontade e sem razão "pode ser dado... a uma coisa que não é, e, portanto, pode ser mendaz"; disso decorrem todos os juízos temerários, os preconceitos ou opiniões erradas provenientes de juízos falsos, as crenças, as prevenções ou juízos insuficientemente provados, as presunções ou juízos aprioristicos e gratuitos, as persuasões, por vezes fortíssimas, que não se sabe de onde vêm e se são ou não fundadas sobre boas razões.[18] Certamente, a persuasão imediata que procede da vontade é necessária ao homem e o ajuda, na ação, mais do que o próprio raciocínio demonstrativo; todavia, os que constroem sobre preconceitos, presunções e prevenções são sofistas superficiais e dogmáticos; antes, ninguém é mais dogmático que aquele que, com a desculpa de combater preconceitos, constrói sobre juízos arbitrários ou aprioristicos.

Todavia, continua Rosmini, "é maravilhoso e doloroso ao mesmo tempo ver que quando um autor produz as opiniões mais extravagantes e as mais errôneas, contrárias ao senso comum, e coloca o pior da sua vanglória em professar tais impiedades, ainda que não apresente provas eficazes a respeito, ele encontra gente ignorante que o honre com o título de livre pensador".[19] Neste caso, "o sentido mais abstrato que se aplica à palavra liberdade é o mais absurdo de todos: dado que alguns a ele associam o conceito de homem livre, embora não apresente mais nenhum laço de sujeição, e, não obstante, se proponha libertar o homem do jugo da verdade, como também o do erro, formando assim o livre pensador; libertá-lo do vínculo do dever e da virtude como também do vínculo do vício, formando assim o livre cidadão!". E "o que nos resta do homem, se lhe tirarmos, ao mesmo tempo, o verdadeiro e o falso, o vício e a virtude? Nada: o que nos sobra é o animal, o qual não é capaz de ser livre, e é levado pela necessidade dos

---

[18] *D. s. A.*, n. 20.
[19] *D. s. A.*, n. 24. Não está fora da atualidade os passos até aqui citados: valem para o século XVIII e, talvez, ainda mais para o nosso.

instintos em todas as suas ações".[20] Eis ao que conduz, levado em última instância, o sistema da doxa, que recusa o da verdade e, com ele, a filosofia.

Ao contrário, a Verdade em pessoa nos disse com a própria boca: "O meu jugo é suave, o meu fardo é leve".[21] Portanto, há um fardo e um jugo: ou servos do pecado, ou servos da justiça.[22] O homem não pode não escolher, ainda que, depois de ter escolhido, possa replicar ou não a sua escolha, mas a vontade não pode ser suspensa: "Apenas por querer deixá-la suspensa, o homem escolheu, e escolheu o mal".[23] Não se pode dizer que não há verdade e que não há erro, que existem apenas opiniões e convenções que não interessa saber se são verdadeiras ou falsas, mas somente se são operativas, eficazes ou rentáveis. Essa posição ateorética não é um discurso; com efeito, se não há verdade e não há erro, não existem sequer opiniões e convenções que possam ser verdadeiras ou falsas: se não são nem uma coisa nem outra, então não existem. Resta apenas a pura brutalidade ainda que possa ser boa para calcular. A essa altura, rejeitada a verdade, a doxa destrói também a si mesma e o homem é o bípede implume de Diógenes, embora habite o mais "racional" e planificado dos currais.

---

[20] *D. s. A.*, n. 25.
[21] Mateus, 11,30.
[22] São Paulo, Romanos, 6.
[23] *D. s. A.*, n. 25.

Lição segunda

Progresso da verdade e "diálogo"

1. A "forma dialética" como progresso da verdade e do erro

Da verdade e do erro há uma tradição e também um progresso, não de substância, diz Rosmini, mas antes de "forma dialética", isto é, "o contínuo operar da mente não só no indivíduo, mas também na própria sociedade e no gênero humano (tenha ele consciência ou não), que se cansa sem repouso em traduzir todos os seus conhecimentos de uma ordem em outra ordem de maior reflexão, o que é justamente uma mudança da sua forma dialética e mental". Daí se segue que quando a verdade e os "erros antigos", novamente propostos vestidos de novos conceitos, "se enfrentam com nova linguagem", "o homem volta a ser tentado e facilmente seduzido como se aqueles erros fossem insinuados pela primeira vez, e que os sofismas não tivessem jamais sido dissipados"; antes, sendo diferente a linguagem utilizada, as disputas "agitadas entre aqueles cujas mentes conseguiram chegar a uma dessas ordens e quase esferas de concepções não se tornam inteligíveis aos outros que ainda não a alcançaram; e àqueles, pois, que, alçados com as operações da mente a um grau elevado, conduzem a disputa em uma ordem de reflexão mais alta ainda e, assim, combatem em um novo campo de batalha, a estes fica dificílimo entender, como a sua indagação seja a mesma que antes fora proposta por outros, parecendo, pela diversidade da linguagem, duas indagações distintas...". Daí também a necessidade, sob outra perspectiva, de respostas novas "com razões que tenham também elas uma forma que corresponda àquela ordem de reflexão, à qual são elevadas as instâncias contrárias", já que as respostas precedentes, se repetidas, "seriam... ou grosseiras e não elegantes, ou inadequadas". Portanto, na luta da verdade contra o erro, aos defensores da verdade cabe a obrigação de dar "vestes oportunas (...) a todas as respostas necessárias" de modo que "as instâncias contrárias" permaneçam "ressoando na mesma linguagem dialética (...) esvaindo-se toda sedução, e é plenamente desmascarado todo o erro", o qual, todavia, busca para si "uma nova forma dentro de uma nova ordem de reflexões".[1] Com efeito, o homem, acrescentamos nós, em cuja mente está presente o lume da verdade, tende mais ao erro mascarado, ao sofisma, porque este melhor corresponde à sua inclinação ao mal: o vício e o erro não pesam tanto como a virtude e a verdade, e Satanás se vale da razão para nos persuadir de que o vício e o erro são as fontes de toda felicidade terrena e que a virtude e a verdade são as causas de todas as desgraças. "Poucos têm gênio para a verdade; muitos têm talento para o erro", escreve Schlegel, e os valorosos sofistas, assim como os grandes artífices do mal, possuem muito talento, mas nenhum gênio.

---

[1] *D. s. A.*, n. 4. – Não se trata, como será mais bem precisado, de um "retorno" mecânico das mesmas verdades e dos mesmos erros ditos "com outras palavras", mas de um processo bem mais profundo: de um erro elevado a princípio nascem novos erros a ele redutíveis, ainda que nem sempre se tenha a consciência de tal derivação, já que a reapresentação do mesmo pensamento exige um grau mais alto de reflexão ou, como diz Rosmini, uma nova forma dialética. Portanto, não há uma repetição pura e simples dos mesmos erros, mas uma recolocação, que, enquanto tal, comporta um "novo" modo de "expô-los", solicitado, por vezes, por uma nova exigência que se quer satisfazer ou por uma nova aplicação que se quer fazer: a resposta e um erro novo, ainda que derivado de outros. O mesmo discurso vale para a verdade.

Para Rosmini, portanto, o erro vence quando o sistema da verdade é repetido numa forma ultrapassada e estagnada, isto é, quando não nos preocupamos em lhe dar uma nova forma dialética e nos municiar de armas adequadas; enfim, quando renunciamos ao filosofar, posto que o sistema da verdade não é belo e feito de uma vez por todas, mas, mesmo se o erro possa ser vencido pontualmente, ele é sempre pensado de novo e renovado. Antes, justamente porque a verdade é infinita e, por isso, inexaurível, ela será sempre atraente, não lhe sendo necessário o estímulo do erro, para um empenho maior, para um filosofar vivo e nosso – e a sua conquista é sempre pessoal e atual em cada ato veritativo ainda que tal conquista não seja totalmente realizada–, pois esse processo de sondagem traz à luz novos juízos verdadeiros, que devem ser repensados a fim de serem confirmados, esclarecidos e aprofundados na verdade e acrescentados ao edifício do saber. E *sapere* significa "o que tem sabor" e "que tem gosto" ou sente o sabor; apenas a verdade é saborosa e somente quem tem esse gosto é filósofo, sendo a "sabedoria" o vértice de fineza ou de perfeição integral. Mas poucos, como dissemos anteriormente, têm gênio para a verdade – por vezes é preciso esperar séculos antes que o sistema se renove e cresça sobre si mesmo –; muitos, porém, têm talento para o erro, e os muitos sofistas, revestindo o erro de novas formas mais visíveis e sutis, fazem com que correspondam às novas exigências, enquanto as novas verdades que pouco a pouco emergem, por vezes inconscientemente e em forma matinal também na consciência comum, têm um caminho mais longo. Mas tais sofistas não têm gosto pela verdade, e, sim, língua exercitada no domínio do opinável, em torno do particular, do ponto de vista da doxa elevada a princípio, pelo qual o novo verdadeiro não é "revelado", mas encapsulado no sistema do erro. A resposta tem toda a sedutora aparência de ser verdadeira e de satisfazer a nova exigência em detrimento do sistema da verdade, o qual, mesmo quando há um filósofo que o renova, é manobrado por repetidores experientes na arte da "manobra" e não na do pensamento – substituição do critério especulativo pelo prático, e, por isso, pecado contra a própria verdade – nos faz a figura de ser incapaz de se renovar e se torna inepto a revelar, a partir do interior, o novo verdadeiro, que dele foi efetivamente gerado, ainda que a filodoxia dela se tenha apossado: considerado "superado", cai em desuso, é julgado a partir de prevenções e presunções que têm a aparência de juízos abundantemente provados, a ponto de o triunfante cortejo dos superficiais o acompanhar em séquito; e, posto o ser de lado, começa *de omnibus* a se iludir de que progride e "dialoga"... julgando-se democrático e maximamente engajado.

2. Necessidade do repensamento do sistema da verdade e crítica da sua esterilização ou da sua rejeição

A essa altura, antes de continuar, proponho com Platão: "Se há um caso em que se deve ter a coragem de dizer a verdade, isso se dá sobretudo quando se fala de verdade".[2] Colocar-me-ei inteiro nisso ainda que ao preço de dar algum desprazer, a fim de que não me julgueis vil.

Entre o fim de 1500 e o início de 1600, o sistema da verdade – a única filosofia, repito, mesmo se as perspectivas filosóficas possam ser infinitas – e com ele a cultura católica são fortemente sacudidos e minados pelos filodoxos do ockhamismo, do assim chamado "livre pensamento", fazendo com que a filodoxia acelerasse a sua marcha; além disso, não me consta que os filósofos aristotélico-tomistas das escolas da época tenham se esforçado para repensar o sistema de verdade. Demoravam-se elas em exauridas repetições, em comentários aos comentários dos comentários, em compromissos com a nova cultura: – política cultural e também religiosa –,

---
[2] *Fedro*, 247c.

nas acomodações extrínsecas e nas atualizações,[3] mas sempre com cioso empenho de não pensar pessoalmente, o que significa desamor à verdade ou, ao menos, pouca "diligência". Providencialmente, não obstante eles, explode a mística e se potencializa a espiritualidade, mas isso não basta sem um aprofundado discurso filosófico, já que não basta a exceção da santidade, a qual, sendo uma "ruptura", torna necessária o amálgama do pensamento especulativo, isto é, uma renovação do sistema que tenha a mesma profundidade daquele provocado pela incandescência mística, a fim de que esta seja mais salutar. Mas os aristotélico-tomistas são diligentes em condenar o catolicíssimo Galileu que jamais pôs em dúvida as verdades de fé e o ser como princípio ou forma do saber, ainda que ridicularizasse sem piedade os "escravos" de Aristóteles: tomistas, averroístas e alexandristas, unidos circunstancialmente a fim de silenciá-lo – uma das tantas alianças, que não consigo chamar de "santas", entre supersticiosos da autoridade e beatos da descrença – providencialmente sem algum dano ao progresso da ciência, que a Igreja de modo algum obstaculiza e que continua a ser promovida por leigos católicos e por eclesiásticos seculares e regulares. Diligentes, porém, em ignorar Campanella ou dele se recordar apenas para persegui-lo, diligentes também em condenar Pascal, o único pensador intransigente para com o "modernismo" teológico do tempo e moderníssimo ao mesmo tempo, que repensa originalmente a apologética católica, dá-lhe uma nova forma dialética, deixando-a intacta no essencial, melhor ainda, sobre ela fundando o sistema da verdade; diligentes ainda em ignorar Vico, um dos filósofos do logos – do "fato" que é verdadeiro só se feito tal pela verdade – que agarra com a alma, como já fizera Pascal, mas em outro sentido, o racionalismo cartesiano e o orgulho da nova ciência repetindo, dentro do sistema, que o conhecimento verdadeiro é

---

[3] "Aggiornamenti", no original. (Nota do Revisor Técnico)

scire per causas e propondo novamente, depois de Agostinho e por Agostinho, o problema da história e de seu sentido, que é o sentido mesmo do homem no mundo, respondendo assim a uma nova exigência e desvelando um novo verdadeiro da infinita verdade.

E assim a França, que poucos decênios antes pensava como Bossuet, encontra-se a pensar como Voltaire, enquanto a Espanha e a Itália deixam de pensar.

O século XVII foi uma das idades que Rosmini define "quase consagradas ao erro". No entanto, as escolas católicas do tempo, diante da tempestade iluminista, não se preocuparam em dar uma nova forma dialética ao sistema da verdade. Ainda desta vez, em defesa do velho e contra as novas ideias, se faz política na Cúria, nas praças e nos escritórios, mas sem que sejam propostas novas soluções, ou algo a seu favor até que, enfim, elas se agrupam no jacobinismo, enquanto o tomismo tradicionalista é afogado pelo mais desleixado empirismo e pelo mais apagado sensismo, mistura esta que não consegue ser sequer uma acomodação, e entre cujos ingredientes não faltam a imortalidade da alma e a existência de Deus. E a Itália encontra-se filosoficamente no nível de Genovesi, Soave e Gioia.

Finalmente, a recuperação católica da primeira metade do século XVIII, a renovação em profundidade do sistema da verdade com Rosmini, que chama à lide os sofistas do racionalismo e do empirismo, "o sofista de Königsberg", dando uma nova forma dialética à filosofia do ser em todo o arco da sua problemática. Rosmini, no entanto, é combatido, insultado e condenado – enquanto Lambruschini e Aporti, Capponi e Tommaseo e o próprio Manzoni são considerados suspeitos e mantidos a distância – por aqueles sumos pensadores que são os tomistas e os neotomistas italianos do século XIX, prolíficos autores de *Institutiones Philosophicae* e de *Lições de*

Filosofia Ordenadas ao Estudo das Outras Ciências. E assim, a Itália recomeça a pensar ao nível de Cattaneo, Spaventa e Ardigó, enquanto o resto do mundo culto pensa como Hegel e Comte, Darwin, Marx e Spencer.

Se é verdade que "não nascemos filósofos, mas nos tornamos filósofos, e quem acha que já o é deixou de sê-lo",[4] é preciso concluir que os tomistas, por mais de seis séculos, convencidos de serem filósofos, não pensaram em se fazer filósofos, considerando suficiente os ecletismos e os sincretismos, as atualizações exteriores e as sobreposições, ainda que isso tenha sido feito para terem mais tempo de combater, como se fossem perigosos heterodoxos, os católicos que se tornaram filósofos de tanto pensar com a própria cabeça, intransigentemente fiéis ao sistema da verdade, sendo, por isso mesmo, renovadores; por conseguinte, pretendendo defender o velho, adulteravam o essencial, pecando, assim, duas vezes: por tradicionalismo e modernismo. Assim, Rosmini e os outros escritores católicos não conseguiram agir sobre a cultura e as escolas católicas, mas conservaram o seu fermento cuidadosamente distante dos formulários que esterilizavam Santo Tomás, fazendo com que odiassem sua filosofia e sua teologia. Por outro lado, o pensamento laico se apossou de Rosmini e de outros autores manipulando-os à sua maneira e apresentando-os como seus aliados ou repetidores.[5]

---

[4] F. Schlegel, *Frammenti dell'"Athenaeum"* (54), no vol. *Frammenti Critici e Scritti di Estetica*, sob os cuidados de V. Santoli. 2. ed. Florença, Sansoni, 1967, p. 55.

[5] Não é minha intenção desconhecer o que de positivo há no neotomismo do século passado e na Encíclica *Aeterni Patris* que o institucionaliza; mas se o movimento serviu para dar uma orientação precisa e necessária à formação do clero, não promoveu nenhuma original renovação do tomismo, mas somente uma atualização extrínseca, que não lhe permitiu se tornar cultura viva e operante fora dos seminários e das universidades pontifícias, enquanto, adaptados *ad usum delphini*, circulavam na cultura laica os grandes pensadores católicos, desde Campanella até Rosmini, aos quais aquele tipo de tomismo ainda hoje permanece estranho, embora a situação comece a se modificar, sobretudo por ação de Rosmini, que renovou o tomismo. Por esse motivo, sempre me opus, não a Santo Tomás, um dos grandes filósofos do sistema da verdade, mas àquele

Nada, porém, foi mais manualístico, repetido e imposto, estéril e esterilizante, sufocante e não oxigenado, cansativo e mortificante para as mentes: fechando-as à renovação, preparou-as para a revolta, para a esterilidade oposta, o outro lado da mesma moeda. Estou pensando na estéril reação atual contra Santo Tomás, contra a metafísica e a filosofia como sistema da verdade, reação esta propugnada por certos católicos, leigos e eclesiásticos, alimentados de meia cultura de empréstimo, pior que a ignorância, progressistas de ocasião, abandonados perdidamente, como uma heroína dannunziana, nos braços do sociologismo e das técnicas, do perfeccionismo mundano e das experimentações, das análises da linguagem e do pragmatismo mais empírico, vivem carregadíssimos de "hipóteses de trabalho" e de "universos de cultura", de "escolhas" e de "instâncias", propensos à nova mensagem das coisas a fazer, cerimoniosos executores das ordens de Marx e Sartre, de Husserl e Merleau-Ponty e de todos os outros

---

tomismo *ex decreto* segundo o qual o pensamento do Aquinate, que, para nós, é somente uma perspectiva, embora obrigatória, do perene sistema da verdade, do perene filosofar, da *philosophia perennis*. O pensamento do Aquinate não é a última palavra metafísica, algo acabado, quase divino e revelação imutável, que contém bela e acabada uma resposta para cada problema, de modo que Santo Agostinho, do qual Santo Tomás tanto assimilou o que há de bom, é deixado de lado, e, com ele, os outros. Eis também o que escrevi em outro lugar (*Colloquio Sereno ma nell'unita della Metafisica Classica*, "Filosofia e Vita", n. I, 1967, p. 5-6): "a filosofia clássica cristã, empobrecida do imenso contributo do pensamento patrístico e pós-patrístico considerado "não filosófico", foi "reduzida à Escolástica e esta última apenas a Santo Tomás, ou melhor, a certo tomismo peremptório, apenas atualizado exteriormente" com o objetivo de fazer "ver, na base de um ecletismo acomodatício com os adversários e a um dogmatismo impiedoso para com os pensadores católicos não conformistas, deixados de lado (Rosmini) ou lançados fora (Blondel), como se ele pudesse conciliar com as contribuições deste ou daquele endereço". E isso "tem prejudicado enormemente o aprofundamento e a fecundidade de Santo Tomás que, se vivo fosse, teria se rebelado contra esses seus 'escravos'". Por isso, o tomismo não conseguiu sequer reagir ante a afirmação das antifilosofias e impediu que filosofias, como a rosminiana, que deram uma nova forma dialética ao sistema da verdade, renovassem o pensamento católico e se pusessem como alternativa válida diante de outras posições ou correntes. Todavia, alguns representantes do tomismo mais recente, sob o impulso de posições especulativas renovadoras da metafísica clássica, realizaram e continuam realizando uma renovação merecedora de atenção.

filodoxos que convidam à orgia das opiniões, todas elas naturalmente operativas; com efeito, também para esses católicos não se trata mais de "conhecer" segundo a verdade, tampouco se trata de contemplação e de oração, de vida interior e mística, coisa de desocupados: trata-se, agora, "de transformar o mundo", de "operar eficazmente" para produzir novo e mais amplo bem-estar. Portanto, fora com a verdade e o ser, com a doutrina dos Santos Padres e dos Doutores! Fora também com o Evangelho, se não for atualizado segundo os nossos cibernéticos tempos das máquinas e de linguagem cinematográfica e televisiva. Fora com o "pensar verdadeiramente", o qual, no entanto, é o único modo de impedir que a riqueza do bem-estar e a cruzada contra a fome e a miséria não se tornem o mais esquálido estado de pobreza do homem, a saber: o vazio interior, produzido sem cessar, pela técnica.

Essa rebelião era de se esperar e não faltam atenuantes para os seus protagonistas, aos quais, de resto, se dirige toda a nossa compreensão: um ensinamento escolástico mal cozido e pior digerido, aceito passivamente por medo, preguiça ou comodidade e, quase sempre, sem convicção. Não sendo fermento de pensamento novo nem alimento de formação interior, estando, por vezes, unido a vocações mornas ou discutíveis e a uma prática meramente tradicional e exterior, verdadeira e peremptória subadministração dos fundamentos racionais da fé, reduzidos a formulário fixo e mortificante, em vez de serem um convite ao seu repensamento com todo o nosso ser e inteligência, portanto suporte que alimenta uma fé viva. Por outro lado, quase temida como explosivo potencialmente levado aos desvios ou à agitação, ou, ainda, ao encrespamento das águas quietas de um conformismo enredado por um aparato preponderantemente jurídico temeroso de inoportunas irrupções místicas. Tudo isso, e ainda mais, era um manto que escondia o vazio ou o nada de fé e sobretudo de pensamento: bastou um sopro, e esse manto caiu em meio a urtigas, e o vazio encheu-se de mundo, das doxas correntes e sedutoras a bom preço.

Mas não é preciso dramatizar: a filodoxia foi sempre companheira do homem e da filo-*alétheia* e sempre o será, ou melhor, ambas, como já dito, estão no próprio homem, que não é Deus, e traz a herança do pecado do primeiro Adão; por outro lado, ele precisa viver neste mundo, e a vida necessita da opinião em torno do particular. Mais do que isso, não nos compete condenar ou absolver; compete-nos, sem maiores apoios e com a máxima confiança na Providência, que é muito maior que o nosso pequeno atormentado fazer e refazer, voltar a pensar ou continuar pensando, continuam a filosofar, e, para tanto, há uma só saída: pensar a partir do ser, da verdade que não passará e passa sobre todas as opiniões, as quais vêm e vão como os fregueses nos negócios e nos hotéis – uma breve parada, e, logo a seguir, a partida – e a fim de que as opiniões, tornadas verdadeiras pela verdade, cumpram o seu dever, cada uma no seu âmbito e dentro de seus limites, para o bem e o aperfeiçoamento do homem.

E pensar no ser significa, antes de tudo, repensar pessoalmente o sistema da verdade, dar-lhe a força da nossa contribuição pessoal por pequena que seja, aprofundá-lo, fazê-lo crescer sendo a verdade fecunda de novas verdades, que competem a nós serem descobertas. Isso, porém, implica a aceitação do terrível sofrimento e do risco de pensar com toda a nossa alma, com imensa humildade e inteiramente disponíveis; implica também a luta constante contra o erro que nos quer convencer de que a verdade não existe e que existe só a doxa a ser rentavelmente consumida pela nossa vida cotidiana, que não pode ser menosprezada viver. E o erro, repito, não é a doxa, mas a filodoxia que afirma que há só a doxa a ser "amada" e que esta é a filosofia, ou que a filosofia não existe e é uma ilusão a ser destruída pelo ódio à verdade, engano funesto que nos distrai pelo progresso no mundo, e que deve ser combatido em nós e fora de nós, em qualquer lugar onde se apresente, conscientes de que ele, ao menos como tentação, está sempre em nosso encalço. O combate é uma ordem dada pela Verdade em pessoa: "quem não está comigo, está contra mim",[6] entre a verdade e o erro, *tertium non datur*, mas a Verdade não diz que devemos ser contra quem erra, ao contrário, nos impõe amá-lo mais que aos outros já que é preciso correr à procura da ovelha perdida.[7] Portanto, nada de "coexistência pacífica" e menos ainda "cooperação", pragmatismos táticos e contemporizadores, batalhas diplomáticas mediante concessões recíprocas, linguagem da práxis política, que não se pode transferir ao domínio filosófico ou teológico, e nem mesmo de pensamento político. O fato de se fazer acordo com a filodoxia já significa renegar o ser e com ele o pensamento enquanto tal, significa amar a opinião mais que a verdade e perder o que de verdadeiro existe na primeira. Essa intransigência não comporta a recusa da zona da doxa, mas só a da filodoxia ou da sofística de sempre, da antifilosofia, em cuja aceitação implica não saber de mais nada, nenhum conhecimento moral, nem político, nem jurídico, nem mesmo econômico.

É aqui, como afirma Rosmini, "que surge a necessidade da *coragem* e audácia *filosófica*, da "boa coragem que liberta a filosofia de inúteis restrições e injustos vínculos, e ela nasce na mente de quem filosofa movido pelo *amor à verdade*"; mesmo se não acompanhada de "prudência e modéstia", a coragem de combater o erro, seja ele a "opinião abraçada pelo comum": "este é aquele que reivindica para a Filosofia a sua natural liberdade, onde, sem se deixar levar pelos obstáculos, se encaminha com celeridade rumo à descoberta do verdadeiro".[8] De maneira ainda mais peremptória, continua Rosmini:

---
[6] Mateus 12,30.
[7] Mateus 17,11-13.
[8] *D. s. A.*, n. 22-23.

"Uma razão liberta e, portanto, uma filosofia livre tem direito de desdenhar tudo aquilo que é falso e de se aliar com a verdade para a destruição de todos os sistemas falsos: nenhum pode impedi-la de exercitar esse direito de guerra: todos podem chamá-la novamente se não lhe permanecerem fiéis".[9]

Já que tal admoestação é dirigida a qualquer filósofo, permito-me, desta cátedra que se intitula Rosmini, de chamar de novo aos que amam a verdade a exercitar, sem hesitação e compromissos, este direito de guerra, tendo o máximo respeito pelos adversários enquanto homens e por sua liberdade, contra o sistema do erro, mesmo com o risco da cicuta: os tribunais como os de Atenas e os sinédrios como os de Jerusalém se congregam, existem em todos os tempos e lugares. Não importa: esse pequeno inconveniente diz respeito aos eventos da nossa vida, mas não à verdade que vale incomensuravelmente mais, e a cujo serviço vale a pena toda dedicação, sem vanglórias e bisbilhotice, que devem ser deixadas aos escravos da opinião.

3. Os termos do diálogo entre filosofia e antifilosofia

Em nome do livre exercício do direito à guerra, Rosmini, filósofo, combate os erros e o compromisso com o erro, por exemplo, o ecletismo do Cousin que quer salvar todos os sistemas, já que nenhum contém uma verdade.[10] Com efeito: a) "encontrada e destacada aquela *porção imortal* de verdade que cada sistema contém", não há mais razões para conservá-lo em pé sendo "*mortal* todo o resto do sistema", o qual, enquanto tal, é preciso deixar morrer;[11] "um sistema não é nem um

---

[9] *D. s. A.*, n. 48.

[10] O ecletismo e também o sincretismo são manifestações de cansaço e de esterilidade filosófica, acomodações de quem não pensa e por motivos práticos quer andar de acordo com todos.

[11] *D. s. A.*, n. 45.

nome, nem pedaços destacados por acaso dos diversos corpos de doutrina", "é um princípio elevado com todas as suas consequências". Daí se segue: a) muitos sistemas que se descrevem como distintos, "porque expostos por autores diferentes, e com uma ordem diversa", não são realmente tais, "no caso de aqueles corpos de doutrina possam se reduzir a um mesmo princípio"; "lá onde aqueles autores, os quais concordando sobre um dado princípio, tiram dele consequências diversas, e não opostas, ou se aplicam em deduzir consequências novas, ou se ocupam exclusivamente em desenvolver aquele princípio para um novo gênero de aplicações negligenciadas pelos outros, estes não são autores de sistemas novos, mas trabalham ao redor do mesmo sistema, porque trabalham para fecundar o mesmo princípio"; b) o princípio no qual se contém o sistema filosófico "não pode ser senão verdadeiro ou falso, não havendo aí nenhum termo médio entre a falsidade e a verdade"; portanto, "mesmo os sistemas distintos só podem ser verdadeiros ou falsos, e, por isso, ou devem ser admitidos ou rejeitados".[12] Mas o princípio de verdade, o ser, é uno, e, portanto, uno é o sistema verdadeiro, aquele da verdade, ao qual se reduzem as filosofias do ser, mesmo se desse princípio se tiram consequências diversas e novas ou dele se fazem novas aplicações; as outras que recusam esse princípio e elevam outro em seu lugar formam o sistema do erro, quaisquer que sejam as suas deduções.

Seja como for, não vale dizer que cada sistema contém uma verdade, enquanto ou essa verdade diz respeito ao princípio verdadeiro e "em tal caso todo o sistema é verdadeiro, e as consequências falsas que se encontram não podem ser senão mal deduzidas e devem ser eliminadas, como estranhas ao sistema, substituindo-as pelas verdadeiras", ou então tal verdade "diz respeito às consequências, de maneira que algumas consequências sejam, por si, proposições verdadeiras,

---

[12] *D. s. A.*, n. 46.

mas deduzidas (provavelmente mal deduzidas) de um princípio falso", e assim "todo o sistema é falso, e não se salva o sistema ao se salvar as proposições verdadeiras que não lhe pertencem, que dele devem ser separadas, e acrescentadas àquele sistema ao qual verdadeiramente pertencem, isto é, àquele único que tem um princípio verdadeiro".[13] Por outras palavras: algo verdadeiro no interior de uma filosofia falsa está envolvido no princípio errôneo sobre o qual esta última se funda. No entanto, mesmo se não contaminado, enquanto verdadeiro pertence ao sistema do erro apenas por alguma dedução errada, ou seja, aí está gratuitamente, de maneira antifilosófica. Portanto, o elemento verdadeiro deve ser libertado do sistema falso e recuperado no sistema da verdade ao qual filosoficamente pertence.

Aqui podem ser reencontrados os "termos" do diálogo – ou seja, em que sentido e dentro de quais limites ele é possível – entre o sistema da verdade ou filosofia e o sistema do erro ou filodoxia, isto é, entre as filosofias que "elevam" o princípio verdadeiro com todas as suas consequências e as outras, as antifilosofias, que elevam algo a particular, ou toda a zona da experiência sensível-racional, a princípio com todas as consequências, que é negar o princípio de verdade, e, com ele, a "inteligência" e a possibilidade do saber, que não é o mero conhecer, sem o qual o próprio conhecer é doxa, mesmo se acompanhada pela razão. Aqueles termos não nos dizem absolutamente que, para não perder a verdade que contêm, devemos manter de pé as filosofias do erro e ficar dialogando com elas, talvez adorá-las, sobretudo nos tempos em que estamos, caso se trate de uma verdade de ordem econômica, para não perder a verdade que contêm. Na verdade, impõem-nos fazer o contrário, a saber: o diálogo deve servir para a demolição do sistema do erro a fim de absolver a tarefa primeira e "natural" do filósofo, consciente que nesta luta está em jogo

---

[13] *D. s. A.*, n. 46.

a existência mesma da filosofia, o princípio de verdade pelo qual existe o sistema e existem as filosofias, as quais, enquanto tais, lhe pertencem; e, para recuperar dentro deste último o verdadeiro conteúdo no sistema errôneo – dele, enquanto verdadeiro, prisioneiro, dele não dedutível e a ele não assimilável porque contraditório –, de modo a adquiri-lo à verdade, onde pode resplandecer, no justo lugar, em toda a sua luz. Se, ao contrário, instauramos um diálogo de acordo com a filosofia do erro só porque contém algo verdadeiro, ou sob o pretexto de contê-lo, e com o objetivo oculto, ou evidente, de ver aquilo a que podemos ceder ou desviar do sistema da verdade, a fim de nos aproximar do outro, esperando, enfim, por mero jogo de astúcia, que este se aproxime de nós, então não só ofendemos ao verdadeiro que este último contém, mas nos colocamos, por falta de amor para com a verdade no caminho da filodoxia, fazendo-nos assim misólogos, e não mais filósofos. A filodoxia, bem mais astuta e menos louca que nós, vê a máxima conveniência em aceitar e solicitar um diálogo que lhe traz plena vantagem, já que o sistema do erro, firme em seu princípio negativo da verdade, pode conceder e ceder muito, bem sabendo que o muito que cede é redutível ou reconduzível ao falso princípio. Em suma: não concede nada. Com o sistema da verdade ocorre outra coisa: pode se aproximar àquele do erro só na medida em que começa a ceder sobre o princípio, quando coloca em dúvida que há uma verdade primeira, a qual é a própria forma do saber, que não é este ou aquele conhecer – científico, sociológico, técnico, etc. – mas o fundamento de todo conhecimento possível e a este não redutível. No entanto, feita a menor concessão que seja sobre o princípio, então se concedeu tudo, ou melhor, perdeu tudo.

Um diálogo estabelecido, mediante concessões recíprocas, como tática de aproximação entre a verdade e o erro já está decidido, no ponto de partida, em favor do erro, não por fraqueza da verdade, mas porque o dialogante por parte da verdade, no momento em que cede a essa tática, já passou ao outro campo, com armas e bagagens sofísticas: com ele não se recupera algo verdadeiro pelo qual se dialoga com o sistema do erro, mas simplesmente se congela diante deste último, que ora sedutor e melífluo e ora ameaçador e violento, mas sempre fechado à verdade, com agrados ou ameaças, fará aceitar a antifilosofia. Feito isso, não se obtém aquele ponto verdadeiro pelo qual nos deixamos tentar, perdendo-se assim o sistema da verdade e com ele qualquer possibilidade de "discurso", já que não há discurso, qualquer que seja, se há apenas a doxa. A responsabilidade e a culpa são nossas: deixamo-nos enganar e amamos mais o erro que a verdade; com o álibi de salvar algo verdadeiro, nos dispusemos à renegação do princípio de toda a verdade, talvez porque bem no fundo isso nos convinha ou nos agradava, era cômodo ou rendia algo, nos dispensava de obedecer a uma lei, nos libertava do "peso" da verdade e da liberdade, "abertura" ao livre desafogo dos nossos instintos animais e humanos: sofisma de sofismas, sob a bandeira da reivindicação do direito à autonomia do pensamento e da ação e talvez nos apelando, suprema sacrílega mentira, aos Esquemas do Concílio Vaticano II.

Em suma, uma das duas: ou o sistema do erro aceita que há uma verdade primeira e, nesse caso, recusa a si mesmo; ou permanece firme no seu princípio negativo e assim o diálogo pode se colocar apenas como guerra ao sistema sem que nos preocupemos em perder o sistema verdadeiro que antifilosoficamente contém. Com efeito, a destruição do sistema do erro comporta a recuperação daqueles pontos verdadeiros que erroneamente nele estão, embora pertençam ao interior do sistema da verdade, o qual recebe uma nova forma dialética da nova filosofia que o repensa e aprofunda justamente para contrabalançar o grau de reflexão superior a que chegara o erro.

Portanto, no diálogo entre filosofia e antifilosofia – diálogo que é o suporte de qualquer outro em qualquer nível, seja político, econômico, jurídico – a atitude da filosofia pode ser somente de intransigência sobre seu princípio, não havendo sentido nem mesmo o problema de "dar razão" a esta ou aquela antifilosofia "pela porção de verdade" que contém, porquanto esse ponto verdadeiro é verdadeiro somente se pertence ao princípio da verdade da qual deriva. Mas a antifilosofia nega justamente esse princípio. Põe-se fora, portanto, do verdadeiro e do falso, aquém do pensar e do saber, permanecendo toda dentro do particular ou do todo sensível "racionalmente" calculado, analisado, programado e, sobretudo, "planificado", isto é, achatado ao nível zoológico. Com efeito sem o ser, o lume da mente e princípio dialético-ontológico-metafísico constitutivo do homem, não tem sequer o βίος, mas somente a ζωή. O problema é outro: fazer emergir do sistema da verdade aqueles pontos verdadeiros correspondentes às novas exigências, "gratuitamente" emersos do sistema do erro pelo esforço de se dar uma nova forma dialética e onde se encontram por um erro de sintaxe lógica, isto é, repensar o sistema numa nova filosofia. Em suma: o problema consiste em se dar pensamento ao pensar, de não se fazer de moleiro *sans souci* caso não se queira que a farinha, como aquela do diabo, vire toda farelo: o direito de guerra ao erro é legítimo se seu exercício realiza contemporaneamente o dever de repensar o sistema da verdade.[14]

Somente nisto algo verdadeiro, qualquer que seja, está em sua casa e filosoficamente deduzido em harmonia com seu princípio e todas as suas consequências; está no seu justo lugar, forma uma unidade com o sistema e, respeitando a ordem

---

[14] Se, ao contrário, pelo verdadeiro que aí se reconhece, mantém-se em pé o sistema do erro com um diálogo de aproximação ou de facilidade, podemos entender que apenas ele é capaz e, assim, coloca-se o sistema da verdade em estado de inferioridade, atitude esta dos que, no fundo, são filodoxos ou hábeis manipuladores de opiniões, não se dando o cuidado de repensá-lo, mas somente de "adaptá-lo" à filodoxia. Assim, de tanto dialogar com o erro, termina-se por ser atraído e envolvido por ele e, o que é pior, por induzir os outros a segui-lo; o tudo a insígnia de bons afazeres mundanos. Nesse ponto, a filodoxia se impõe e triunfa em todos os níveis, mesmo no religioso e teológico.

do ser e por isso as outras verdades, pode realizar-se ordenadamente na sua plenitude de modo a se realizar, também ele, com todas as suas consequências. O contrário se dá no sistema do erro: justamente porque este nega o princípio da verdade, o elemento verdadeiro tende necessariamente a extrapolar, a se tornar absolutamente privilegiado, exclusivo e tirânico, a se pôr como a única verdade que importa: cresce desordenadamente e de modo anormal e o seu tecido degenera; daí é que vem o câncer do economicismo e do cientismo, do sociologismo ou do tecnocratismo, que, enfim, são filiações da degeneração da razão, ou seja, o sistema do erro precisamente.

Dialogar com este último, além dos termos por nós indicados, é aceitar discutir com a tentação, que, pelo contrário, deve ser afastada: Caim, no drama de Byron, à voz lisonjeira de Lúcifer, se volta e escuta, e é já fratricida. Até mesmo Ulisses, muito astuto por ser inteligente, fez tapar os ouvidos aos companheiros e se fez amarrar para não ser seduzido pelo canto das sereias, as quais tinham pelo menos uma verdade: a beleza da metade do corpo; e para estar preparado contra a sedução, lhe foi possível recuperar igualmente essa verdade no rosto honesto de Penélope; Luzia, que não era astuta, mas simples e, por isso, mais inteligente que Ulisses – ela, com efeito, não precisou impor a si restrições –, não responde a Dom Rodrigo que a cumprimenta pela estrada e vai ao confessor; mas Gertrudes, a desventurada, responde e aceita o diálogo com Egídio.

E quantos monges de Monza, hoje, motorizadíssimos pelas estradas do mundo em busca de mundo, prontos e dispostos a todos os diálogos, "abertos" a ponto de não conseguirem se fechar um só instante em recolhimento: que bom seria caso se "abrissem" menos e aprofundassem um pouquinho!

Há um só diálogo: o da verdade e com a verdade, levando em conta a doxa para trazer-lhe verdade, e em luta com a filodoxia, que faz perder também a positividade da doxa. Assim se obtém, segundo os desígnios da Providência, aquilo que Santo Agostinho observa a propósito dos hereges: as verdades por eles impugnadas, por necessidade de defesa, "*considerantur diligentius, et intelliguntur clarius, et instantius praedicantur*".[15] Eis a vantagem que trazem. De um lado, não se concede nada ao erro e, de outro, serve de estímulo para confirmar a verdade, aprofundá-la e torná-la fecunda de novas verdades para as novas exigências.

4. A falsa "reverência ao espírito humano" e a "tolerância" mal respondida

Entretanto, nos tempos de Rosmini, e ainda hoje, objetava-se o seguinte: é preciso respeitar todas as ideias e todos os sistemas por "reverência ao espírito humano". "Coisa singular", responde roveretano, "é ver introduzida na Filosofia a reverência ao espírito humano (e é a única reverência que estes conhecem), como se isso ou algum outro sentimento semelhante pudesse valer bastante para decidir questões de verdade e de falsidade": só a verdade, "coisa divina", é "a honra do espírito humano não pòrque ele a forme, mas porque é informado por ela", e isso contra os que "imaginam que o espírito humano mereça uma honra por si mesmo, independentemente da participação da verdade, e parece que honram a esta como uma criatura daquele, à semelhança do erro, que certamente é uma criatura, uma pura criatura do mesmo".[16] De tanto respeitar o espírito humano, tem-se reverência pelo erro que o faz escravo, e, de tanto crer que ele é elevado ao fazê-lo criador da verdade, nega-se a esta última e se degrada o homem à condição de produtor e consumador de doxas. Chegamos, nesse ponto, à dessacralização total, à pura impiedade: o homem não é honrado

---

[15] *De Civ. Dei*, XVI, II.
[16] *D. s. A.*, n. 49.

porque participa da Verdade e porque a verdade primeira o constitui pensante, mas a verdade é honrada, e também o erro mais aberrante, só porque são criaturas do homem. Com efeito, certa filodoxia de todos os tempos afirma que respeita a Deus, esse mito ou superstição danosa ou útil conforme o caso, só porque é imaginado pelo homem e muitos nele creem; afirma também que a grandeza do cristianismo é a mesma do homem que a criou e desenvolveu em seu processo histórico – doxa suficiente para corrigir o título de um conhecidíssimo escrito: "Por que não podemos não nos dizer anticristãos". Assim o homem se faz um ídolo do homem e faz da sua consciência o sacrário de todos os erros; disso se segue, em pouquíssimo tempo, o "culto da personalidade", que nada mais é que o máximo desprezo pelo homem, uma forma infantil e sanguinária de satanismo. Se a verdade é criatura puramente humana, então, dessacralizada, ela está no mesmo plano do erro; morto o logos, vive apenas a doxa não verdadeira e também não falsa, mas somente útil, prazerosa, cômoda ou nem sequer isso: toda dignidade do homem é anulada, já que lhe vem da verdade, coisa divina, por cuja presença é inteligente. Além disso, não se pode mais compreender que tipo de reverência se deve ao "animal racional" que renunciou a ser espírito pensante. A passagem da verdade, entendida como produto inteiramente e apenas humano, à negação de toda verdade é só uma explicitação coerente; de fato, todo historicismo absoluto já é uma espécie de praxismo e de coisismo, é antifilosofia e, como tal, negação do saber porque nega nele a sua forma.

E a tolerância, mágica palavra dos filodoxos, onde será colocada? Onde lhe compete – impedindo-lhe de meter-se sofisticamente onde não deve estar –, se está fora do lugar, vamos pô-la no lugar, seguindo ainda o que diz Rosmini: "Belíssima palavra, e prazerosíssima aos ouvidos dos homens que a vivem. Mas se pensou alguma vez seriamente no significado desta palavra: tolerância? Pois, se por tolerância se entende desconfiar da própria opinião e respeitar a dos outros dentro dos limites que a prudência estabelece, apiedar-se dos erros alheios mesmo se evidentes e as fraquezas alheias mesmo virtuosas, não as tomar como pretexto para invadir os direitos alheios, abster-se de todo juízo temerário, ser benigno e benévolo com todos – então a tolerância é uma virtude preciosa, mas uma virtude que se exercita para com as pessoas, e não para com os sistemas, e justamente porque é uma virtude, é um hábito da vontade humana, não uma ciência". Nós, aqui, ao contrário, estamos discorrendo sobre a mente e não sobre a vontade, sobre filosofia e sistemas, e não a respeito de como devemos nos conduzir em relação aos nossos semelhantes e suas opiniões. Portanto, invocar a virtude da tolerância a propósito da verdade e do erro é aplicar as leis da vontade ao intelecto, obrigando este último, por intolerância, a obedecer leis diversas das suas próprias. "Quem desconhece que a tolerância é uma lei impossível de ser praticada pela mente? Que a mente, por sua natureza, é sempre intolerante (se me permitem falar assim), e se a mente pudesse tolerar a contradição e o erro por ela conhecido, realizaria com isso uma tal negação de si mesma que se anularia. Obrigar, portanto, que a mente seja tolerante é o mesmo que obrigá-la a se anular"; e "isso certamente não é filosófico: antes, com pleno direito, se pode chamar intolerância, e uma intolerância tão enorme, que, por causa dela, o homem não tolera a própria existência da sua mente, e, por consequência, muito menos a da filosofia".[17]

Com efeito, a filodoxia está sempre a invocar a tolerância e, fazendo isso, é coerente: se não há verdade e tudo é opinável, para decidir sobre uma questão, moral ou religiosa, basta uma maioria qualquer que seja mais ou menos respeitosa da minoria, ou então basta o critério prático da operacionalidade, isto é, da capacidade de fazer "mais coisas", funcionais e

---

[17] *D. s. A.*, n. 51.

do modo mais econômico e rentável para a coletividade. Mas negar a verdade, como já dito, é negar a mente, o saber, a filosofia, a dignidade do homem para fazer dele, em todos os níveis, um organizador de úteis e cômodos serviços coletivos; é renegar, também, todo o resto pela mais prazerosa vida no mundo consumido até a última gota: prevaricação da animalidade sobre o espírito; impiedoso egoísmo desumanizado que faz de uma coletividade o amontoado mais intolerante. Com efeito, não há discurso algum se não há verdade, a qual, enquanto tal, é "maximamente intolerante"; além disso, as ideias "não são pessoas, para com as quais se possa usar a virtude da tolerância, da complacência, e semelhantes";[18] mas só a verdade, "maximamente intolerante" torna possível a virtude da tolerância (e qualquer outra), fazendo-o num nível, como veremos, bem mais alto que aquele ao qual os filodoxos a rebaixam, que a desgastando-a e defendendo-a por ódio à verdade.

Pelo caminho da tolerância, portanto, não é possível a conciliação dos sistemas filosóficos, e é contraditório que o sistema da verdade faça concessão ao sistema do erro, o qual, todavia, pode também se adaptar para conviver com a verdade, porque não teme a contradição e lhe convém fingir-se de tolerante, uma vez que não tem nada a perder e tudo a ganhar. Daí se segue que a intolerância da verdade para com o erro é também imposta filosoficamente pela insuperável oposição entre o não passível de contradição e não passível de controvérsia e o contraditório e o controvertível; entre as duas só pode haver o contraditório, quer dizer, guerra aberta, ainda que com todas as boas regras, do ponto firme da verdade que sabe que não pode se conciliar com o erro sem renegar a si mesma – cedendo assim à contradição – e sem causar dano a quem erra, que seria confirmado no erro por debilidade ou má vontade nossa, e não da verdade.

---

[18] *D. s. A.,* n. 51.

Se sou capaz de *tolerar*, e essa tolerância representa carregar um peso com sofrimento e paciência, a verdade não pode carregar pacientemente o peso do erro, que lhe é absolutamente insuportável; mas *tolerar* significa também "alimentar" e "sustentar", e disso resultaria que uma verdade tolerante deveria nutrir e sustentar o erro! Isso confirma como a tolerância pode ser exercitada apenas a respeito de pessoas e opiniões; quem erra, sim, deve ser "tolerado" com toda plenitude de significado desse termo, o qual, por si mesmo, é ainda insuficiente; com efeito, quem erra não deve apenas ser carregado sobre nossos ombros com sofrimento e paciência, alimentado e sustentado, respeitado em sua liberdade de assentimento, mas deve também ser amado; antes, quanto mais ele nega a verdade, tanto mais é inimigo e se faz distante de nós, e, no entanto, mais devemos amá-lo, porque justamente assim ele necessita da nossa compreensão e de todo o amor. Mas isso já é *caridade*, bem outra coisa da diplomática e "aparentemente bela" – *quanta species*! – tolerância, sobretudo no significado de pouca tensão e preço vil com que a palavra é comumente usada.

5. Ainda dos termos do diálogo verdade-erro

O diálogo então deve ser colocado nos termos daquele havido entre Frederico e o Inominado, onde o Cardeal, do lugar firmíssimo da verdade – "fora de discussão", incontrovertível – não concede nada ao seu interlocutor, não assume nem alimenta os seus erros, enquanto, por outro lado, como homem carrega-o inteiramente, com todos os seus horrores, sobre os imensos ombros da infinita caridade. O diálogo entre verdade e erro tem dois pontos firmes, precisos e imiscíveis, mesmo se presentes ao mesmo tempo e convergindo para o mesmo fim: a razão maximamente intolerante jamais desligada da caridosíssima vontade, encontro de dois planos distintos e unidos pela mente, que é intolerante para com o erro e da vontade caridosa para com quem erra. O Inominado, a mesma condição do Cardeal, estava preparado para esse diálogo e não andava à procura de compromissos e acomodações, ele buscava a verdade e não uma apressada e bem paga bênção de seus erros a fim de perseverar neles; não veio como político com afã de conciliação ou coexistências equívocas – teria ido a Dom Abbondio como Dom Rodrigo: também eles feitos do mesmo tecido –, nem Frederico era homem de semelhantes concessões. E os que erram de boa vontade, e são tais porque já estão no caminho da verdade, encaminhados a se tornarem filósofos; e todos os filósofos – pela presença da antifilosofia como tentação ou sereia em meio à busca, mesmo a mais empenhada, estão sempre no limite de se transformarem em filodoxos – querem e pretendem essa intransigência, do contrário não bateriam às portas da verdade: comportar-se de outro modo é desiludi-los e privá-los da única ajuda verdadeira, o discurso maximamente intolerante e caridoso ao mesmo tempo, que podemos dar-lhes e eles vieram buscar. Não me acuseis, portanto, como me parece quereis fazer, de intolerância para não me obrigar a escrever, também eu, contra murmurantes. Além disso, as uniões e conciliações entre posições opostas "não são filosóficas, nem podem ser propostas como de filósofos, nem recebidas: deixemos, portanto, que sejam feitas pelos políticos, cerimoniários e protestantes. Nós distingamos a lei do intelecto da lei da vontade: não imponhamos esta àquele, pois isso seria uma confusão demasiadamente desproporcional: nem tais mudanças jamais levariam adiante a filosofia, nem permitiriam divisar quais são as coisas que, na ordem do intelecto, admitem conciliação e quais são as que não a admitem".[19]

Sim, deixemos aos políticos certo tipo de diálogo, mas mesmo nesse nível limitado às circunstâncias ou ocasiões mutáveis, ao fluir das correntes de opinião, às tratativas,

---
[19] *D. s. A.*, n. 51.

existe todo um raio de ação que dificilmente pode evitar o compromisso; mas a política não é só isso e, se fosse somente isso, seria empirismo, mera filodoxia sem princípios e não verdadeiro discurso, não seria o realismo, mas o efetualismo político que correria para assaltar o poder, reinaria somente o transformismo corruptor das consciências, o engano e também a violência: não há verdadeira política sem pensamento e não há pensamento sem o princípio da verdade, que, tornando possível o saber, faz que haja ciência de cada setor da experiência humana e que faz prevalecer, no jogo das opiniões, aquelas que são verdadeiras sobre as falsas, onde as verdadeiras são as mais idôneas para resolver este ou aquele problema da vida, associado ou mais correspondente à verdade própria de cada valor, qualquer que seja este. Abandonar a política à filodoxia é aceitar que esta domine em todos os planos, ainda que, contraditoriamente, se negue tal extensão, é, enfim, optar pela antifilosofia. Antes, justamente por que se opta por ser sofista, opta-se também por ser filodoxo em política. Sustentar que esta última é só um emaranhado de compromissos sobre o opinável em vista de um *quantum* passível de ser feito significa abrir as portas a todo arbítrio demagógico ou tirânico, que, no fim das contas, é o mesmo; significa solicitar a aplicação do mesmo método no terreno dos princípios, gerando uma assustadora confusão, permitindo que os sofistas de todos os tempos se aproveitem para fazê-la crescer, tarefa que não apresenta dificuldade porque seduz nossa fraqueza humana. Para não se trair e amar a verdade é preciso se pôr inteiramente; é preciso colocar de lado os princípios conciliatórios, quaisquer que sejam, pois são produtos de gente perigosa e de transformismos alquimistas que acabam por adormecer todo impulso moral. Assim, mesmo onde não deveria ter lugar por ser sacrílego, estendem-se os pactos. A coerência, porém, obriga a filodoxia a reduzir tudo à política, a exaltar como autêntico somente o diálogo político, cujo fim, que já não se inscreve no princípio verdadeiro – mito decaído ou ilusão dissipada –, não é o de atuar a ordem que lhe é própria segundo a ordem do ser, mas de efetuar, empiricamente e com objetivos meramente mundanos, uma coisa hoje e outra amanhã. Seguindo esse caminho, é coerente, e o sistema do erro tem sua impiedosa lógica interna, substituir a hora da missa por aquela dedicada à leitura dos jornais, que o único Evangelho do laicismo que teve coragem de ir até o fundo, ou seja, que teve coragem de assumir a sua radical miséria de ser a adoração do "cotidiano" ou do trivial, da crônica à qual ele necessariamente degrada a história, à semelhança de toda forma de historicismo absoluto, o qual é sempre de natureza empírica e positivista mesmo quando se sutura, sobre o *kappe*, a decoração da Ideia em reconhecimento dos seus méritos políticos, civis e militares.

6. O diálogo proibido

A essa altura nos perguntamos se o mundo católico estava preparado culturalmente, isto é, filosoficamente, religiosamente, teologicamente, tendo dentro de si uma fé viva e robusta, para solicitar ou aceitar o diálogo com forças que negam o catolicismo na letra e no espírito, sem correr o perigo mortal, digo pela catolicidade, que de fato em alguns de seus setores está correndo, conduzindo tal diálogo em nível puramente pragmático, comprometendo assim suas verdades teológicas e filosóficas mediante concessões e o método da conciliação de coisas contrárias, sobretudo mediante a reserva mental de deixar de lado os princípios por uma ação a ser gasta ao longo do caminho. Nossa pergunta não tem nada de retórica. Hoje, de fato, ficamos dolorosamente desconcertados e tentados diante dos rumores de uma modalidade de diálogo feito de concessões, prontos a fazer compromissos até mesmo acerca de questões que envolvem verdades filosóficas, religiosas e teológicas inalienáveis e a entender a "abertura" da Igreja ao mundo moderno quase como um pedir insistente, todo *mea culpa* feito pela Igreja, de uma conciliação que o outro pode sossegadamente e com muita dignidade lhe conceder. Assim, o problema é colocado num só sentido: o convite insistente feito à Igreja, por alguns *clergyman*, escritores improvisados, para que ela se abra à modernidade e de obrigação inadiável de a própria Igreja modernizar-se – e que isso se faça a fundo será um grande bem, permanecendo firme, porém, o seu magistério infalível –, e não o convite feito ao mundo moderno para que se abra à Igreja a fim de reconquistar a verdade de ordem natural e sobrenatural, sem a qual não há salvação nem mesmo neste mundo e no plano humano, não havendo nele discurso de justiça e de liberdade ou do que quer que seja sem o logos, o qual, de origem divina e não de formação histórica nem historicizável, tem a sua coroação no Verbo encarnado. Como se o problema da conciliação da Igreja com o mundo moderno significasse a renúncia às suas doutrinas ou adequações delas às opiniões mais ou menos em moda, adequação à filodoxia cientista imperante e, talvez, ao ateísmo mais em voga (neomodernismo). Como se essa conciliação não passasse, por outro lado, pela reforma de uma Cúria, por vezes reacionária e não imune à presunção, reduzida ao isolamento e firmada sobre posições estagnadas, isto é, sem que passasse pela remoção daquilo que nela é produto puramente histórico, já que a Igreja vive e atua no mundo, de quanto possa lhe impedir de se pôr em contato aberto e puro com o mundo moderno, mediante um diálogo autêntico, mas sempre na absoluta intangibilidade das suas verdades eternas. Assim, é a chamada modernidade que deve "se atualizar", e não no acidental, para reconquistar, repito, as verdades que vendeu por trinta moedas antes que lhe restem apenas o desespero e uma figueira para se enforcar numa fazenda agrícola nuclearizada. De resto, está sob os nossos olhos o resultado deste mundo moderno, cujos pontos positivos não pretendemos negar, resultados marcados pela prevalência de seus aspectos deteriorados e superficiais – e natureza meramente empírica, iluminista, positivista e materialista–, isto é, pelo prevalecer da antifilosofia e do anticristianismo, verdadeiro banimento da arte e da poesia, da filosofia e da teologia, da moral e da religião, do ser e do espírito, a fim de que domine, sem perturbação, no novo Paraíso progressista, o gozo do novo Adão-Robô, a árvore do bem-estar, a vanglória da civilização da produção e dos consumos, as insígnias da técnica e dos tecnocratas.

Que não venham objetar que é tempo de fazer e transformar, e não de filosofar e pensar, tempo de ação efetiva e não de verdade (nem mesmo "abstratas"), nem de misticismo e de oração. A estes exponho, embora a objeção não mereça resposta alguma: justamente porque não é tempo disso, o nosso tempo tem, mais de qualquer outro, a urgente necessidade desses valores, sendo nossa a tarefa de os dar, mesmo se forem recusados. Que seriam a Igreja de Cristo e o catolicismo se se limitassem à pura ação social, às obras organizadas de progresso material, à pregação do mais terrestre e vazio humanitarismo e deixassem de ser luz da verdade, e ação também, mas da verdade iluminada? Nem venham objetar que a filosofia de nada serve e nem mesmo a teologia, pois bastaria somente a fé, a fé popular, e a ajuda ao próximo a fim de que sofra menos e viva melhor. A respeito desse último ponto, sou obrigado a responder que qualquer associação está em condição de trazer tais benefícios, e que o próximo não é mais tal se Deus não existe e se Ele não for amado mais do que nós mesmos, e, portanto, amado mais que o próximo, pois tais verdades dependem do ser da verdade e, portanto, do discurso filosófico e teológico. Com relação ao primeiro ponto, digo que essa posição é inferior ao fideísmo mais corrosivo, é, na verdade, populismo da pior espécie, ainda que em nível cardinalício, e que a fé do povo não é popular, mas simples e ignorante, de uma ignorância que, quando é fé pura, não está abaixo da doutrina, pela qual um santo analfabeto e Santo Tomás se põem no mesmo plano, ou melhor, fazem o mesmo discurso, discurso que existe porque existe a verdade e é possível ao homem enquanto "inteligente" ser filosófico, mesmo se não doutrinado. E se a fé é popular no sentido deteriorado do termo, é caridade da Igreja e de cada católico ajudar o irmão, e isso é magistério e apostolado ao mesmo tempo, e elevá-la ao nível da simplicidade, ponto de chegada e não de partida, enquanto é desprezo pela fé, por si mesmo e pelo outro o descer ao grau do populismo talvez por avidez de popularidade.

A nossa pergunta sobre a preparação do mundo católico ao diálogo não tem nada de retórica se se considera que eclesiásticos autorizados exortem a não empenhar "nenhuma batalha contra o ateísmo", não refletindo que, desse modo, se deixa campo aberto aos não crentes para continuar imperturbáveis a sua luta contra Deus. E, ao que parece, não se dão ao trabalho de ler a *Ecclesiam Suam*, na qual Paulo VI adverte que a negação de Deus, "fundamentalmente errada", nega os valores humanos, sendo um "dogma cego" que "degrada e entristece" o homem, "debilita todo sistema social que sobre ela pretende se fundar" e "bloqueia a própria possibilidade de diálogo entre a Igreja e o mundo". Os mesmos ou outros eclesiásticos colocam o diálogo com os protestantes como uma "comum busca da verdade", e assim a Igreja Católica, a depositária única da Revelação e infalível no seu magistério dogmático, deveria agora, para agradar aos neomodernistas, pôr-se a buscar a verdade junto com esta ou aquela comunidade protestante, talvez para encontrar uma cômoda *via media* ou uma reformulação que substancialmente altera ou nega o dogma! Evidentemente, para esses valorosos teólogos, o diálogo sobre as verdades de fé deve ser realizado, *para ser eficaz*, no plano da cortesia, da conversação entre convivas, da tratativa diplomática a piscadas de olho.

Mas sobretudo opressor é o convite – e por isso insistimos nisso ao custo de nos repetir – para se fazer "um acordo sobre princípios comuns de ação para uma cooperação prática, deixando de lado os princípios teoréticos", como se os princípios comuns de ação, enquanto tais, não fossem teoréticos e o acordo não acontecesse em função da sua verdade. Eis uma proposição fundamentalmente equívoca, mãe de tantas outras. De duas uma: ou as normas comuns de ação, que também são regras, não princípios, para uma cooperação prática, se fundam sobre princípios teoréticos ou, então, esses princípios são opostos e não se compreende como pode existir cooperação prática no terreno da moral, do direito, etc., posto que a verdade é una e exclui o princípio errôneo, ou então esses princípios não são opostos e resultam do mesmo princípio de verdade, e a cooperação está implícita no próprio princípio; ou, ao invés, aquelas regras prescindem de todo princípio teorético, e se cai no mais deteriorado pragmatismo, isto é, na antifilosofia, mediante uma cooperação prática que se põe no nível do código de trânsito. E como é possível, não digo a um católico, mas a um homem aceitar, sem a renúncia ao saber, que se obliterem os princípios teoréticos, a verdade, submetendo-os aos fins de uma qualquer cooperação prática, mesmo em matéria de direito, de moral, de religião?

Essa modalidade de diálogo de certos católicos é idêntica àquela que se vangloria de inverter "a antiga relação entre metafísica e ética, entre filosofia do ser e filosofia do dever ser", de modo que "não é mais a verdade que nos faz livres, mas é a liberdade que nos assegura a coexistência das verdades", de onde "as verdades", quer dizer, "as opiniões", e a liberdade é apenas aquela do poder fazer. Com efeito, o autor dessa sentença reduz tudo à política posta no mesmo nível da filodoxia ou da antifilosofia. Mas um católico não pode negar, sem deixar de ser católico, um saber fundado na verdade; daí se segue que nenhuma cooperação prática deve ser realizada contra o princípio da verdade ou sem levá-lo em consideração.

No fundo desses ou de outros equívocos há uma espécie de logofobia, produto da filodoxia que conquistou não poucos políticos e intelectuais católicos, empenhados em pregar, competindo com o mais aceso pragmatismo progressista e perfeccionista, o fim da filosofia e da metafísica, a morte da verdade, para maior vida da ciência e da técnica, que seriam os únicos conhecimentos possíveis, sem se esquecer de colocar no caldeirão o ingrediente do "suplemento de alma". Assim o fazendo, creem que contribuem do melhor modo para a construção do mundo de amanhã, como se o melhor dos mundos possíveis fosse o mundo privado de verdade e de inteligência, de interioridade mística e orante, mas carregadíssimo de mentiras úteis e produtivas, de orgia do efêmero, de filodoxia a serviço de todos os instintos, e tal mundo pode ser científica, técnica, economicamente perfeito: imensa riqueza material na mais esquálida pobreza intelectual e espiritual; mas desde já é preciso rezar intensa e caridosamente por tantos ricos de tudo, mas interiormente miseráveis. E dizer que, para ser rico, basta não desejar vir a sê-lo.

7. *Verdade e eficácia*

A logofobia é a consequência de um *aut-aut* que não tem razão alguma de se pôr: *ou* a verdade, *ou* a eficácia. Donde, em homenagem à eficácia, seguir-se-ia ou a escolha da eficácia prescindindo da verdade, ou a identificação *tout court* do eficaz com o verdadeiro e "concreto" e daquilo que não é eficaz e com aquilo que não é verdadeiro e abstrato; como se aí pudesse haver alguma coisa que fosse espiritualmente e também corporalmente eficaz sem a verdade ou contra ela, e a verdade e a concretude dependessem exclusivamente da eficácia e fosse verdadeiro o que tem o maior sucesso, e fosse concreto o que é puramente empírico, aquilo que é meramente abstrato. À parte isso, a verdade "não serve", como ensinaram Platão e

Aristóteles, porque não está a serviço de nada e tudo está ao seu serviço; pertence à ordem dos fins, ou melhor, é o fim de tudo, e à ordem dos instrumentos: uma verdade instrumental é uma contradição nos termos. Mas num mundo tal qual o de hoje, filodoxo no plano de Protágoras e Trasímaco, onde tudo é cada vez mais um instrumento tecnológico e passível de ser gasto pelos salários, a verdade divina, que a ninguém serve, que é e não se torna – mas é forma na qual tudo pode vir a ser segundo a ordem do ser –, por não poder ser outra, está condenada sem remédio: não se tem tempo para vê-la e ela é negada com raiva, estupidez de homens com a estatura mental de Capaneo. No duelo: a eficácia passível de ser consumida rentavelmente e a verdade que não serve, esta última derrotada desde o início, e quem se põe do seu lado, um louco ou insensato condenado ao insucesso, uma voz no deserto à objeção que, quem esposa a verdade, já aceitou, desde o início e deu por consumada, a derrota no mundo a fim de que o mundo encontre nova e autêntica vida na luz desse sacrifício humilde e silencioso.

Mas é esse duelo que não tem razão de ser, porquanto verdade e eficácia estão sobre dois planos diferentes; portanto, não há um *aut-aut*: a verdade é, é até mesmo sem qualquer eficácia empírica e prática. A sua autêntica e incomparável eficácia é o seu próprio ser verdade, o seu não poder ser instrumento, mas fim de todo sentir, conhecer e querer humano, o seu ser constitui a dimensão ontológica do homem, que o faz pensar e impede, ao torná-lo capaz de aperfeiçoamento interior em vista de uma destinação não mundana, que ele possa ser instrumento de qualquer coisa do mundo ou de quem quer que seja: a verdade nos faz livres e liberta toda a zona do assim chamado instrumental do ser mero instrumento, isto é, dá-lhe verdade e validade, coordenando-o ao fim que é justamente a verdade, e fazendo dele um bom colaborador.[20] Por outro

---

[20] Do nosso ponto de vista, as concepções comuns do "subordinado" e do "instrumental" ficam profundamente modificadas sobre todos os planos: relação

lado, uma verdade que seja pura eficácia já está submetida à prática, já está renegada pela práxis que, não redimida, insiste nas cadeias da sua instrumentalidade; restam só as opiniões que podem ser gastas hoje e cedem lugar às que são úteis amanhã, isto é, resta um mundo de mentiras mesquinhas tecnologicamente eficazes e praticamente descontáveis; o direito, a moral, a poesia, a filosofia são morte porque está morta a verdade; não há mais lugar para a religião, mas apenas para a superstição e a idolatria. E tudo isso por uma danada segurança vital a fim de amamentar, até o esgotamento, o bem-estar.

Mas a verdade, dizíamos, não é medida pelo sucesso nem tem vida fácil, sendo herança de Adão pecador neste mundo, em que quanto mais altos são os valores – e a verdade, que é o ser, é suprema –, tanto menos são seguidos e realizados; por isso, a verdade "dá à luz ódio" e perseguição, como disse Platão, por experiência pessoal e também pela perseguição suportada por Sócrates, no V da *República*. E hoje se pretende andar de acordo com todas as opiniões, conformar-se à primeira opinião acomodada que se encontra para vivê-la sempre mais comodamente, deixando de lado o sacrifício, a dor, o sofrimento e os remorsos da consciência, a humildade, a pobreza, a castidade e a obediência, a vida contemplativa, ascética e mística; hoje se quer viver sem "saber" por que se vive.

---

corpo-espírito, homem-coisa, homem-outro homem. O meu corpo não é um "subordinado", um "submisso" nem um "instrumento" do meu espírito; as coisas não são somente instrumentos que posso utilizar como quero e por nada o seria também o assim chamado "dependente". Trata-se, porém, de "coordenação" e de "colaboração", de modo que cada homem é aquilo que é pela colaboração entre corpo e espírito; assim se dá também com as outras formas de relação: colaboração comum segundo o ser de cada ente. A hierarquia não deve ser entendida no sentido da subordinação ou instrumentalização (o corpo submetido ao espírito, o inferior ao superior, etc.), mas no sentido da convergência para a cooperação comum; os valores não estão dispostos um "embaixo" e o outro "em cima", mas, antes, o que se diz inferior está contido, elevado, mas conservando a sua essência e realizando-se na sua ordem. Essa é a "integralidade", a única que pode abolir todo privilégio ou forma de feudalismo e restituir ao conceito de hierarquia o seu significado interior em harmonia com uma concepção da liberdade entendida como atuação do ser inteiro de cada ente ou sua perfeição.

No entanto, a plenitude do testemunho não é coisa que se gaste, não é mercadoria de consumo, por isso não se pode ficar de joelhos diante do mundo, para cuja redenção – eficácia intrínseca da eficacíssima verdade – Cristo recusou a posse fazendo sua a vontade do Pai. E então, são palavras do Arcebispo de Milão, Cardeal Montini, hoje Paulo VI, "ao invés de afirmar as próprias ideias em face daquelas dos outros, se aceitam aquelas dos outros". Não nos convertemos, deixamo-nos converter. Não conquistamos, mas nos rendemos. Os velhos amigos que permaneceram no caminho certo são considerados reacionários... "São considerados verdadeiros católicos somente os que são capazes de todas as fraquezas e de todas as compaixões." Daí se segue que, se não se corre à reparação, "os velhos amigos", "considerados reacionários", serão eles a Igreja do silêncio, enquanto se faz vozerio com ateus, muçulmanos, budistas, maçons, marxistas e hereges. Mas os velhos amigos estão dispostos, com a graça de Deus e em plena fidelidade à sua Igreja, a fazer resistência e mesmo guerrilha, e tudo, mesmo assim, segundo os desígnios da Providência.

E a terceira das Máximas de perfeição nos serve de conselho e conforto: "Permanecer em perfeita tranquilidade acerca de tudo o que acontece por divina disposição, não só no que diz respeito a si, mas também no que diz respeito à Igreja de Jesus Cristo, agindo em prol dela segundo o divino chamado".[21]

---

[21] Rosmini, *Massime di Perfezione*. Domodossola, "Sodalitas", 1940, p. 29.

Lição terceira

*A filodoxia e suas consequências.
O objeto da filosofia e o saber na sua ordem*

1. A filodoxia sensístico-empirista e suas consequências

Das filosofias do erro, as mais distantes do sistema da verdade, isto é, as de natureza sensista, empirística, positivista, sociologista, materialista ou negam de início o princípio veritativo, ou imaginam fazê-lo nascer alquímica e astrologicamente da sensação e das coisas. Sim, há sensismos, empirismos, materialismos grosseiros e outros refinados e sutis, mas na substância são todos filosoficamente acríticos – o sistema do erro como tal é – uma vez que não há nada de mais obtuso do que fazer a antifilosofia passar por filosofia, como é o caso de toda posição que nega, de início, o princípio da verdade que é o ser; daí se seguem os vários superficiais relativismos, convencionalismos, pragmatismos, hipotetismos, etc.

Também os anos que estamos vivendo são "quase consagrados ao erro", o qual se vestiu de novas formas dialéticas (neopositivismo, neoempirismo, neoiluminismo, etc.), uma espécie de sofística da ciência e da técnica casada a uma concepção da política em nível de filodoxia e quase identificada à economia. Não dizemos que ciência e técnica, política e economia enquanto tais pertençam ao sistema do erro ou à antifilosofia, mas outra coisa: são antifilosofia as multiformes pseudofilosofias que presumem substituir o princípio da verdade por um tecido de hipóteses científico-tecnológicas com a pretensão de eliminar, como mítica e supérflua, a filosofia – e com ela a moral e a religião – concluindo que o único conhecimento do qual o homem é capaz é o conhecimento científico e técnico, o qual, enquanto tal, prescinde da verdade, que não lhe interessa, e se considera instrumento eficaz de produtividade ou ação sobre o mundo natural e humano, colocados no mesmo plano e tratados com a mesma medida. Essa espantosa filodoxia, que não respeita nada, desumaniza e dessacraliza tudo, deve ser combatida em bloco e sem concessões,[1] não só em nome da filosofia, da moral e da religião, mas também em nome da ciência e da técnica, que serão salvas, em seus aspectos civilizatórios, dentro de uma cultura reveladora, e não só expressiva, dos valores, isto é, na base de uma ou mais perspectivas filosóficas renovadoras do sistema da verdade, o único que permite a recupcração integral de cada conhecimento, na sua ordem no interior da ordem do ser e das novas verdades da verdade primeira infinita e, portanto, sempre fecunda.

O nó sofístico deve ser cortado pela raiz: a verdade não se apreende com os sentidos; uma coisa são os sentidos, outra é o intelecto; o homem é também intelecto e a verdade é intelectiva. Santo Tomás nos ilumina sobre a diferença entre intelecto e sentidos:

a) "*sensus enim in omnibus animalibus invenitur. Alia autem animalia ab homine intellectum non habent*", e isso decorre do fato de que não é possível que a mesma faculdade faça coisas distintas e opostas simultaneamente,

---
[1] Sobre a relação entre filosofia e filodoxia, veja as notas 4 e 6 da Lição primeira.

"*sed sicut a natura mota ad determinatas quasdam operationes et uniformes in eadem specie, sicut omnis hirundo similiter nidificat*";

b) "*sensus non est cognoscitivus nisi singularium; cognoscit enim sensitiva potentia per species individualibus, quum recipiat species rerum in organis corporalibus. Intelectus autem est cognoscitivus universalium, ut per experimentum patet*";

c) "*cognitio sensus non se extendit nisi ad corporalia*", e as qualidades sensíveis, objeto próprio dos sentidos, se acham nos corpos; sem eles, o sentido não conhece nada. "*Intellectus autem cognoscit incorporalia, sicut sapientiam, veritatemet relationes rerum*";

d) "*nullus sensus seipsum cognoscit Nec suam operationem; visus enim non videt seipsum Nec videt se videre... Intellectus autem cognoscit seipsum et cognoscit se intelligere*";

e) "*sensus corrumpitur ab excellenti sensibili. Intellectus autem non corrumpitur ab intelligibilis excellentia; quin immo qui intelligit majora potest melius postmodum minora intelligere*".[2]

---

[2] O texto citado em latim pelo autor pode assim ser resumido nessa tradução: "a) o sentido se encontra em todos os animais. Com exceção do homem, os outros animais não possuem intelecto. O que é evidente pelo fato de que eles não operam de modo diverso e oposto como os seres providos de inteligência; mas são como movidos pela natureza a realizarem ações determinadas e uniformes dentro da mesma espécie; b) o sentido não pode conhecer senão os singulares: já que toda faculdade cognoscitiva conhece mediante espécie individual, recebendo as espécies ou imagens das coisas em órgãos corpóreos. O intelecto, porém, foi feito para conhecer os universais, como consta da experiência; c) o conhecimento do sentido está limitado às coisas corpóreas. E isso resulta do fato de que as qualidades perceptíveis ou sensíveis, objeto próprio do sentido, se encontram somente nos corpos; sem eles, o sentido não pode conhecer nada. Ao contrário, o intelecto conhece também as coisas incorpóreas; d) nenhum sentido conhece a si mesmo nem a própria operação: o olho, com efeito, não vê a si mesmo, nem vê que vê; mas isso pertence a uma faculdade superior... O intelecto, porém, conhece a si mesmo e conhece a própria intelecção;

E Rosmini nos diz: "Uma vez que... o sentido corpóreo, que não apreende a verdade, foi proclamado o único mestre seguro, o único guia fiel dos homens, e estes acreditaram nessa sentença, que traz a contradição em si mesma, a moral, o direito e todas as coisas de natureza eterna pereceram, na opinião dos alucinados, junto com a Verdade, e a política se tornou uma arte aleatória, na qual os homens, com os dados da astúcia e da força brutal, jogaram a si mesmos e também as suas coisas mais caras".[3] Esta, a filodoxia sensista-empirista, sistema do erro que, assumindo como mestre os sentidos, exclui a possibilidade de conhecer qualquer verdade e nega que exista verdade; reduz as ideias às sensações e a função do intelecto à análise destas. Mas as coisas pequenas se entendem melhor somente se forem entendidas as grandes; daí se segue que, negada a verdade e degradado o intelecto, não se entende mais nada: não só morrem a moral e o direito, mas também a política, a economia, a sociologia se reduzem ao nível do sentido corpóreo, "que não apreende a verdade", nenhuma verdade nem pequena nem grande. O império exclusivo da sensação – que está aquém do verdadeiro e do falso, sem história como os ninhos das andorinhas – sobre plano

---

e) o sentido é diminuído pela intensidade do próprio objeto. Porém, o intelecto não é diminuído pela intensidade ou excelência do objeto inteligível: antes, quem entende as verdades maiores pode melhor entender as menores". (N. T.) Cf. *Summa contra Gentiles*, livro II, c. LXVI. Nota a profundidade das cinco proposições: só do homem existe história porque só o homem, dotado de intelecto, pode fazer coisas diversas e opostas; só o homem tem cognição do universal, que é objeto do intelecto e não dos sentidos; só o ente inteligente pode conhecer as coisas incorpóreas, a sabedoria, a verdade e as relações das coisas, isto é, só ele é capaz de ciência e de sabedoria, do saber, impossível sem a verdade; só o homem conhece que conhece, é autoconsciência; a intensidade do objeto sensível desgasta os sentidos (as sensações intensíssimas, dirá Pascal, não são sentidas), a intensidade do objeto inteligível não desgasta o intelecto, antes somente quem entende as coisas grandes (as verdades mais altas) entende melhor as menores, o mundo das sensações e das opiniões, que, se entendido do alto, não é mais empírico, mas concreto; portanto, só do ponto de vista da filosofia, a forma mais alta do pensamento reflexo do qual é objeto a verdade, princípio de todo saber, pode-se entender toda experiência humana, fazendo-se possível que haja ciência de cada uma.

[3] *D. s. A.*, n. 15.

gnosiológico (sensismo) traz como consequência a tirania do sensualismo no plano da ação; e assim, as ditas ciências mundanas deixam de ser ciências e deixam de ser humanas. Com efeito, "na ordem do sentido animal, ao qual a sofística reduz todas as faculdades do homem, restam as paixões, porque as paixões são sentimentos, mas não subsiste mais a norma intelectiva e moral que as ordena, ora temperando, ora excitando, mas sempre as governando na direção dos altos fins da condição humana, aos quais devem servir. No entanto, quando as paixões receberam do sensismo, com a marginalização da sua guia e senhora, a inteligência, o desejado dom da liberdade (e esta é realmente aquele tipo de liberdade que atrai para si sequazes cada vez mais numerosos e clamorosos), então, rompidas as correias da razão, elas se desenvolvem com todo aquele ímpeto, com todos aqueles caprichos, com todos aqueles excessos, aos quais são suscetíveis por sua natureza".[4] Mas mesmo as paixões humanas tragadas pelas correntes da "astúcia da razão" – e nisso consiste a história para Hegel – ficam igualmente no nível animal, já que Hegel perde o logos no próprio instante em que o historiciza; daí se segue uma humanidade racionalmente organizada no plano do que é puramente mundano, onde a razão sem inteligência cujo objeto interior é a verdade, lume da própria razão, está a serviço das paixões. Por isso, "o defeito principal do materialismo" não é, como escreve Marx na primeira nota a Feuerbach e contra Feuerbach, "que o objeto, a realidade, a sensibilidade, é concebido somente sob forma de representação ou de intuição", mas o fato de ser materialismo, isto é, de não entender o que é a verdade; com efeito, mesmo se a realidade é concebida "como atividade sensível humana objetiva", o discurso feito por Rosmini permanece intacto.

De fato, não se salva sequer o sentido: "Abolida a dignidade intelectiva por obra do sensismo, não se tem mais motivo

---

[4] *D. s. A.*, n. 17.

para não abolir a própria natureza sensitiva e descer ao materialismo. Porém, quem não tem tamanha virtude mental para ver o absurdo, que as ideias sejam fenômenos sensitivos, não pode sequer ver o outro absurdo, que as sensações sejam fenômenos materiais". O sensismo, primeiro pulo, precipita do infinito da Ideia no finito da sensação; e desta, segundo pulo, no finito da matéria à qual reduz toda a vida.[5] Daí se seguem "inevitáveis consequências: as paixões e o ignóbil cálculo dos interesses materiais se tornaram o único conselheiro, o único mestre das mentes; estas, por sua vez, abertas a todas as prevenções, dispostas a dar prontamente o seu assentimento às sentenças mais extravagantes, a retirá-lo também prontamente às mais evidentes, segundo a oportunidade casual; orgulhosas de se submeterem à escravidão das opiniões mais apaixonadas, ou melhor, justamente por isso, achatadas pela submissão mais razoável; crédulas até o absurdo, mas incrédulas em face da evidência, legisladoras do mundo inteiro, mas intolerantes a toda lei, frenéticas defensoras dos próprios direitos, mas esquecidas de seus deveres, entusiastas retóricas da filantropia, mas professando, com fatos, a fraude e o egoísmo: irreligiosas, desonradas pela lascívia, despudoradas, parecem ter perdido toda consciência da virtude e da verdade, e a existência mesma de ambas veio a ser, para elas, um problema ou uma vã quimera".[6] Na direção descrita com fortes tintas por Rosmini, os filodoxos de hoje, ainda mais aguerridos em submeter a razão às paixões e mais intransigentes contra a verdade, nos impuseram um notável progresso: as paixões se tornaram mais exigentes, mais "lúcidas" e mais cegas. Com o eclipse da verdade, não só desaparece a filosofia e toda forma de saber, mas também a sabedoria, da qual a verdade "sob qualquer forma ela seja" é "o primeiro elemento": a filosofia não é necessária à

---

[5] *D. s. A.*, n. 16.
[6] *D. s. A.*, n. 10.

sabedoria, que pode prescindir de todas as formas, incluída a filosofia, da qual o pensamento reflexo veste a verdade; mas a sabedoria não existe sem a verdade.[7] Se o *sapiens*, isto é, se o homem que vive, pensa, conhece, age segundo a verdade é menosprezado, e, por outro lado, prospera o *insipiens*, isto é, o homem inimigo da verdade e da sua ordem, aquele que não sabe o que diz e faz; *insipiens*, segundo os Salmos e Santo Anselmo, é o ateu: negada a verdade, não é mais possível forma alguma de saber, nem sabedoria, nem admitir a existência de Deus. Esta é a conclusão coerente das sofísticas sensistas e empiritas, dos vários cientificismos vétero ou neopositivistas e materialistas, dos multiformes praxismos, inimigos da inteligência e do inteligível, reduzidos a fenômenos sensitivos ou materiais ou a palvras "sem sentido". Como justamente observa Schlegel: "O empirismo consequente termina com contributos ao acomodamento dos mal-entendidos ou com uma subscrição à verdade".[8]

Dirigindo essas duas operações benéficas estão hoje, na vanguarda, também alguns católicos que, por não saberem pregar o dom da verdade, fizeram-se mendigos dos erros filosóficos e teológicos de qualquer lugar que venham, empenhados servidores de todos os *insipientes* que sustentam que o verdadeiro progresso cultural consiste em "libertar" a religião, a moral, o direito, a ciência, a sociologia, a política, a economia de qualquer fundamento filosófico e metafísico, identificado com o abstrato e o mítico, como se estes fossem a verdade e a inteligência, e procuram acelerar o advento de não se sabe qual magnífico futuro, que nada mais é que aquele da comodidade mundana, constituído fim em si mesmo, absurda elevação de uma condição social a fim ou ideal do homem, degradado então a adorador daquilo que lhe é inferior, ainda que necessária premissa do seu aperfeiçoamento,

---

[7] *D. s. A.*, n. 69.
[8] "*Frammenti dell'Athenaeum*" (446), ed. cit., p. 127.

o qual, irrealizável no mundo, por isso mesmo o faz superior em dignidade ao universo.⁹

Propor de novo o tema do diálogo com essas concepções, que são apenas novas formas dialéticas do sistema do erro, tem um só sentido por parte das filosofias do sistema da verdade: reconfirmar a impossibilidade da conciliação e do compromisso, já que se trata de reconhecer ou de negar o princípio da verdade. À objeção de que também as filodoxias assinalam um progresso em alguns setores parciais da civilização e da cultura, respondemos, ao preço de nos repetir, que não são possíveis nem mesmo opiniões verdadeiras sem a verdade, e que, portanto, os pontos verdadeiros que as sofísticas fazem emergir ou as exigências que indicam a serem satisfeitas, enquanto verdadeiras, pertencem ao sistema da verdade, o qual, repensado, as faz emergir do seu interior, ordenadas ao ser. Portanto, o problema não é de ir à escola desta ou daquela filodoxia para aprender esta ou aquela verdade, mas de pensá-las dentro do sistema da verdade, isto é, delinear uma nova perspectiva que satisfaça às novas exigências, na medida em

---

⁹ Nem Rosmini, em sua época, nem eu mesmo, hoje, nos imaginamos contrários a um ordenado progresso social – mas é "ordenado" somente se for fundado sobre o princípio da verdade ou do ser, que constitui também a lei moral –, convencidos de que a assim chamada "liberdade da necessidade" seja condição para o exercício das outras, estando certo de que a liberdade se une ao homem ontologicamente em qualquer situação, mesmo se impedida ou obrigada. Mas exatamente porque condição, ainda que fosse perfeita e numa organização social elevada à mais completa forma democrática – poder decisório de todos os membros de uma sociedade em todos os níveis de modo que impeça que as decisões ou as escolhas sejam monopólio de grupos isolados, dos partidos, do governo e do Estado –, fica sempre uma condição em vista do aperfeiçoamento da pessoa (fim), cuja realização não é mundana. Porém, negada a verdade, então a lógica interna de toda forma de filodoxia, e, portanto, até mesmo a daquela de hoje, é levada a colocar a liberdade da necessidade e a organização social como sendo elas mesmas fim ou ideal da humanidade; mas isso se tornou a mais pesada forma de escravidão, que levou à negação da pessoa humana. Quem admite, e não apenas com palavras, que qualquer progresso social é condição de aperfeiçoamento do homem na sua integralidade, não pode negar o princípio da verdade e, portanto, não pode ser filodoxo, e, mesmo que não tenha consciência, é filósofo; seja como for, é *sapiens* segundo uma daquelas formas não filosóficas ou de pensamento reflexo do qual a verdade se veste antes que o homem torne a filosofar.

que emergem, de modo que o saber cresça a partir da verdade, na verdade e pela verdade. Não é preciso, por exemplo, para sermos sociólogos, ir às escolas de Comte ou de Marx ou do empirismo norte-americano, que em relação às chamadas "ciências humanas" ou "morais" constituem hoje uma das zonas mais desvalorizadas, mas se trata de vencer um deplorável complexo de inferioridade determinado, em parte, pela "operação antifilosofia" orquestrada hollywoodianamente por quem não tem gosto pela cultura e é, para dizer com Unamuno, um "imbecil intelectual", uma sociologia no interior do sistema da verdade, com a vantagem de que aquilo de válido que está contido nas sociologias empíricas e empiristas, e que não deve absolutamente ser ignorado, revela a sua verdade, insustentável no sistema do erro ou fatalmente empurrada à desordem – perda do seu verdadeiro sentido ou da verdade que contém pela sua inevitável extrapolação e adulteração –, às quais as mesmas opiniões verdadeiras mais cedo ou mais tarde estão condenadas naquele sistema.

Do que dissemos, convencemo-nos melhor, se refletimos sobre o caráter errôneo da afirmação sofística, que a tolerância, mesmo quando aplicada às ideias e não só às pessoas, só é possível entre opiniões que, enquanto tais, permitem aproximações ou acomodações, sendo a verdade intransigente e, por isso, fonte de fanatismos. Além disso, esse discurso comporta a tolerância para com todas as opiniões, mesmo as mais absurdas, e a intolerância extrema até a perseguição para com a verdade, isto é, o pior dos fanatismos; e além do que, aplicado à moral, essa postura exige a tolerância, em nome do respeito à liberdade de todos, de todo vício, mesmo o mais extravagante, e a proscrição da odiosa e odiada virtude que impõe limites, justamente a falta de um princípio veritativo desencadeia a mais fanática intolerância entre as opiniões em conflito: por não haver uma verdade da qual se proceda ordenadamente, as opiniões se sobrepõem mutuamente sob o açoite das paixões; menosprezada a dignidade intelectiva do homem, toda opinião, solicitada pelo sucesso e pela sede de poder, sente-se autorizada a instrumentalizar a "coletividade" com qualquer meio de persuasão e de embotamento, até mesmo o das armas. É justamente no mundo da doxa que nascem os fanatismos mais ferozes e cruéis: "Já que os cismas não nascem tanto do amor ardente pela religião quanto pela variedade dos afetos humanos, pelo espírito de contradição que tudo costuma consumir e condenar, mesmo quando bem enunciado". Assim escrevia Espinosa, que é também um dos teóricos da tolerância, mas é filósofo do logos, numa carta de 30 de março de 1673 a J. Luis Fabritius.

Não basta, porém, demonstrar que uma doutrina é falsa, pois isso é apenas o aspecto negativo do diálogo, pois a tarefa do filósofo é pensar a doutrina verdadeira, aspecto positivo, ainda que por ocasião e estímulo da falsa; nem basta a dúvida constituída fim para si mesma, pois isso é esterilidade do pensamento: o sistema da verdade ou a metafísica do ser rejeita também o compromisso com a dúvida justamente porque a filosofia é a "busca" perene da verdade infinita.

2. A verdade primeira do ser: objeto da filosofia, princípio de inteligibilidade do real e fundamento de todo saber

A razão e o raciocínio sozinhos são insuficientes para fundar o saber humano; seu fundamento é o logos ou o primeiro verdadeiro, o ser como Ideia, objeto interior da inteligência, princípio dialético ou em relação com uma mente: desse princípio de objetividade começa a atividade racional e nele termina; lume da razão, ele precede todo juízo, não necessita de nenhum, mas é necessário a todos; negá-lo é emitir um "decreto vericida" e reduzir a razão teórica à impotência, submetê-la aos sentidos corpóreos e às paixões, significa negar a filosofia ou o sistema da verdade, e instaurar o do erro. Portanto, a atividade intelectiva e racional começa a partir do ser, e nele termina: "A razão é própria do homem; o sentir é comum com os animais e o vegetar com as plantas, mas o ser é comum a todas as coisas".[10] Assim, o ponto "onde termina a filosofia e onde ela também começa é o *ser*, e a *sua ordem intrínseca*, isto é, as suas três formas, que se refletem no mundo, e constituem a base das *categorias* às quais todas as coisas se reduzem, e se tornam as razões últimas, em torno das quais a meditação filosófica se gravita. No ser, sob uma primeira forma real, é necessário investigar a primeira razão de todas as realidades que constituem o mundo real; no ser, sob uma primeira forma objetiva, é necessário investigar a primeira razão de todas as ideias e cognições que constituem o mundo ideal e inteligível; no ser, sob uma primeira forma de bem, é necessário investigar a primeira razão de todas as atividades morais com os seus efeitos, que constituem o mundo moral. O entrelaçamento desses três mundos é a própria criação, e que esta depende do seu Criador...".[11] O ser como Ideia é a verdade do criado; da verdade, cuja essência contém "virtualmente o real"[12] – de modo que o discurso ontológico ou sobre o real não pode ser senão "dianoético"–, a filosofia, da qual é próprio o caráter dianoético, o qual "enquanto exercício, é a investigação" e, "enquanto ciência, é o sistema". Por isso, há uma só filosofia, e embora as perspectivas filosóficas possam ser infinitas, que é o sistema da verdade ou filosofia do ser, em suas formas criadas, cuja ordem culmina em Deus, o Ser.

A ciência, e o homem não vive só dela, e a virtude ou ação moral constituem a sabedoria, que é a sua perfeição; encerra, portanto, duas partes que nela estão "individualmente unidas, a primeira está na mente: se esta for separada e, com o recurso

---

[10] *D. s. A.*, n. 33-34. Santo Tomás (*De Anima*, a. 9): "O ser é aquilo que mais íntima e imediatamente convém aos entes".

[11] *D. s. A.*, n. 74.

[12] *Teosofia*, proêmio, n. 38, ed. M. A. Raschini, Milão, Marzorati, 1967, vol. I, p. 19.

da reflexão, disposta ordenadamente, assume o nome de *ciência*, a qual pode se ensinar e escrever; a outra é tal que nem se ensina das cátedras, nem pode se escrever em livros, e tem a sua própria e única sede no ânimo, na vontade e em todas as suas afecções, e as operações; todavia, ela é quase a mesma ciência, descida da mente, transferida na realidade do sentimento, penetrada na vida, onde com pleno e beneficentíssimo império governa".[13] Sem o princípio de verdade desaparecem o mundo intelectivo-racional e o moral, até mesmo o real que "não existe" sem o homem, princípio sensitivo-intelectivo-volitivo.

Em outros termos, se apenas os sentidos forem os órgãos de conhecimento do homem e o pensamento fosse, também ele, de natureza corpórea e limitado a manipular sensações ou fenômenos sensíveis, ele não seria capaz de saber. A sensação é um grau de conhecimento, contanto que este último não seja somente sensível; por isso, não só a sensação não apreende a verdade, mas não é cognoscitiva: existe a inteligibilidade do sensível porque é o inteligível,[14] o ser sob a forma de Ideia, o objeto mesmo da filosofia. O discurso de natureza sensista, empirista ou aquelas que de algum modo prescindem do princípio da verdade, não é discurso filosófico, pois não é discurso algum. Por isso, o predomínio dessas sofísticas coincide com as idades bárbaras da filosofia e mesmo as da própria ciência se esta as fizer suas, produzindo danos espirituais maiores que qualquer invasão bárbara.[15] Na verdade, envelhecem os institutos, e, como hoje se diz, renovam-se as

---

[13] *D. s. A.*, n. 62.

[14] Platão, *República*, 476c-d; 479a e *passim*.

[15] Assim Rosmini (*D. s. A.*, n. 10) escreve a propósito do Iluminismo do século XVII: "Da subversão, antes, do aniquilamento da filosofia realizado no século passado pelos autores do sensismo, mistura de negações e de ignorâncias, que sob o nome assumido de filosofia invadiu toda a Europa com mais detrimento do verdadeiro saber, que não foi causado jamais por alguma invasão barbárica, derivou aquela corrupção profunda da moral, do direito, da política, da pedagogia, da medicina, da literatura, e mais ou menos de todas as outras disciplinas, da qual nós somos testemunhas e vítimas".

estruturas dando a euforia da liberdade de se fazer e dizer o que quiser, elevando assim o nível vital, mas custo de envilecer e submergir o nível intelectual e espiritual a ponto de não se compreender mais de que modo o próprio progresso de libertação da necessidade possa ser colocado em termos de conquista ou avanço da dignidade do homem se a sua autêntica dignidade é negada no momento mesmo em que se nega o princípio da verdade, sem o qual não há sentido falar de liberdade, de justiça ou de qualquer coisa. Não devemos rejeitar os avanços e progressos, mas é preciso rejeitar, em nível crítico, o sistema como tal, assim como a semelhança da pseudossolução de compromisso, à qual fizemos alusão, bem distinta nas aparências, mas idêntica na substância, que aceita o sistema como um "dado histórico" irrecusável, endossa o ato de morte daquele da verdade e, com ele, da filosofia, limitando-se a "praticar", na suma do erro, uma injeção de alma que, ao menor contato, morre de reação anafilática. Aquelas sofísticas, ditas iluministas e neoiluministas – e "idade bárbara da filosofia" mesmo Lachelier define o século XVII –, não ouso sequer dizer que sejam iluminantes: do ponto de vista filosófico, e mesmo artístico, poético, moral e religioso, cada movimento iluminístico, que de algum modo é mudança e progresso superficiais e rejeição da profundidade que não sabe ver, é uma forma, e das piores, de obscurantismo. Falta-lhe o verdadeiro ponto de luz, já que "o pensador tem necessidade da mesma luz do pintor: clara, sem que o sol penetre diretamente, sem reflexos cegantes, e, se possível, vinda do alto".[16] Eis, "do alto", da verdade luminosa e não cegante do ser; mas as sofísticas têm olhos apenas para o que é baixo e, raposas, desprezam a uva que não chegam a alcançar. De baixo, o baixo se vê melhor, pé no chão, "concretude" esta, mas de sangrentos corretores de rinocerontes. E, do alto da verdade, o empírico se faz concreto, o sensível, inteligível, e aqueles

---

[16] F. Schlegel, *Frammenti dell'"Athenaeum"* (308), ed. cit., p. 96.

celebrados avanços e progressos iluminísticos, científicos e técnicos, sociais, políticos e jurídicos, realmente tais porque nascidos do princípio da verdade infinita e nela inscritos, em virtude do qual existe ciência do real e da moral, sem que o próprio princípio, fonte e fundamento da inteligibilidade de cada ser humano, aí se esgote, sendo término e fim de todas as ações o Ser, fim último do homem, sua dignidade suprema e, através do homem no ser pelo Ser, suprema dignidade do criado. Ou se compreendem essas coisas, e se tem aí o *sapere*, ou é urgentemente aconselhável deixar a filosofia aos filósofos e se passar a outras ocupações "mais úteis".

Por outras palavras: o sensível não é luz do alto, não é luz alguma, e será cego se não estiver referido à Ideia, que o torna inteligível e não somente "racional", já que a Ideia, inteligível por si, "é o ente enquanto cognoscível por si mesmo e é a cognoscibilidade das outras coisas que não são ideias, ou seja, é a cognoscibilidade dos entes enquanto reais e sensíveis". O ideal e o real são duas ordens "maximamente distintas, mas "têm um elemento idêntico, e este é o ente: o mesmo ente idêntico encontra-se num e noutro, mas em condições distintas, e sob uma forma diversa: uma forma sob a qual se acha o ente é a idealidade, ou a cognoscibilidade, ou a objetividade..., outra forma sob a qual se acha o mesmo ente é a realidade, a sensibilidade, a atividade... Assim uma *máxima diferença* está na forma, uma *identidade* está no seu conteúdo, que é o próprio ente: este é puramente cognoscível enquanto ideal, e também é sensível, enquanto real...".[17] Portanto, os saberes particulares e o saber filosófico, que é o fundamento de qualquer outro porquanto possui o princípio como seu objeto de reflexão, são conhecimentos intelectivos pela intuição do inteligível primeiro, que é o ser como Ideia, e também através do sentimento corpóreo e os sentidos. Santo Tomás (*In Metaph. Proemium*) define a metafísica como a ciência que estuda os

---

[17] *D. s. A.*, n. 60.

maxime intelligibilia; por isso, é a ciência das causas primeiras ou filosofia primeira, ciência dos princípios universais que os sentidos não podem conhecer, isto é, do ente e daquilo que diz respeito ao ente, ou metafísica verdadeira e própria; ciência das substâncias separadas, Deus e os anjos, ou ciência divina ou teológica. As filodoxias sensistas e empiristas estão aquém da metafísica e da filosofia, estão aquém do conhecimento do real e de toda ciência, aquém da sabedoria: a única coisa que conseguem fazer é reduzir a economia, o direito, a moral e a religião a técnicas instrumentais.

3. O saber no seu princípio, nos seus graus e na sua ordem

A imagem da pirâmide pode representar o saber humano enquanto está disposta e ordenada cientificamente: a base, "exageradamente grande", é formada por inumeráveis verdades particulares; acima delas, "há uma outra série constituída por uma ordem de verdades universais, que, entre os universais, estão mais próximas dos particulares, embora estes sejam muitíssimos, contudo não são tantos quanto os primeiros"; e se pouco a pouco se sobe aos outros extratos superiores, cada um deles contendo menor número de verdades, mas de universalidade sempre maior, até que, chegado ao cume, o número mesmo desaparece na unidade e a potência da universalidade é máxima e infinita. A imagem da pirâmide, porém, não pode representar o aspecto mais significativo do saber, isto é, "que uma ordem mais elevada de verdades contém virtualmente, em seu seio, outra ordem que lhe é proximamente inferior": uma ordem inferior de verdades é gerada pela ordem superior. Por isso, a verdade se acha "implicada e envolvida numa suprema unidade, de onde se desdobra e se desenvolve em número, e cada unidade desse número implica também ela, que, de si mesma, desenvolve outro número de verdades menos extensas, embora fecundas de germens, também geradoras de outras verdades fecundas (donde se segue que... as progênies intelectuais formam, a partir de si, tantas ciências, tantas artes, tantas disciplinas)"; essa é a "condição... do verdadeiro que se reverte e como que se renova em outros verdadeiros e nestes vem a ser continuamente mais numeroso sem deixar de ser aquele que era antes único e simplicíssimo". E os verdadeiros que nascem de outros anteriores, mas de ordem superior, deles recebem "a lei e a norma do seu ser, e permutam toda a sua luz", já que "não pode se reencontrar mais ser e mais luz nos verdadeiros derivados do que aquilo que se acha em seus princípios". Daí se segue "que as verdades que constituem as ordens inferiores, isoladas daquelas de ordens superiores de onde derivam, permanecem como que na sombra, e, privado da luz de seus princípios, o homem não pode fazer grande uso deles, nem extrair grandes coisas para suas necessidades; lá onde conjuntamente na humana mente aos verdadeiros mais altos que os gera e nestes contemplados, se tornam lúcidos, manejadíssimos e utilíssimos". Nem o fato de serem inumeráveis as verdades pertencentes às ordens mais inferiores as torna "mais esplêndidas" e "mais preciosas que aquelas, sempre menos numerosas, pertencentes às ordens superiores"; antes, o fato mesmo de serem inumeráveis as prejudica porque nem todas podem ser conhecidas e porque a verdade fundamental refulge menos; todavia, "mesmo as verdades das ordens superiores adquirem maior uso e maior curso, quando são possuídas pelo homem acompanhadas... das verdades das ordens inferiores". O sistema da verdade, continua Rosmini, "não é outra coisa..., que a descrição dela, segundo a forma na qual está compreendida nos princípios, e não mais nas verdades particulares... Ora, a determinação dos princípios, ou seja, as *primeiras razões* de todo o saber, e enunciação precisa, confiando aos vocábulos essa altíssima parte da imensa pirâmide do conhecer humano, é justamente o ofício da filosofia".[18]

---

[18] *D. s. A.*, n. 8.

Oposto ao sistema da verdade, o sistema do erro ou filodoxia, a qual não se limita a chamar novamente a atenção, exigência legítima e a ser satisfeita, sobre as verdades particulares, todas a serem salvas, mesmo as ínfimas, pertençam elas ao momento econômico ou técnico ou científico ou qualquer um que seja, mas sempre ordenados às verdades de ordem superior à qual devem ser coordenadas a fim de uma plena colaboração segundo o tempo, as circunstâncias, as situações em que são válidas, mas pretende substituir, em nome de uma garantia mais segura e melhor utilização do assim chamado (e maldito) concreto, as opiniões à verdade, a abstração por abater, não se dando conta de que as doxas desligadas do sistema que culmina no ser, a verdade primeira geradora das verdades de todas as ordens, não são mais sequer verdades particulares, mas meros particulares ininteligíveis, utilizados desordenadamente e, por isso, não são bons nem ao uso nem ao percurso.

A ordem superior das verdades, dizíamos, contém e gera as de ordem inferior,[19] e a primeira verdade, o ser, contém e gera todo o sistema, o saber sempre aberto a novos acréscimos por processo intrínseco. Daí se segue:

a) fecundidade infinita da primeira verdadeira, forma absoluta do pensar e fundamento de todo saber, gerador das várias ciências, de todos os graus do conhecer, dos mais altos aos ínfimos: grandeza da verdade infinita e também do homem ao qual lhe foi feito esse dom a fim de que pudesse *intelligere*; portanto, o ser, na sua ordem intrínseca, não é uma abstração porquanto nada é mais pleno e "concreto" que o ser;

b) união inexorável de cada verdade àquela de ordem superior da qual recebe lei e luz e de todas as verdades à

---

[19] Os termos "superior" e "inferior" devem ser entendidos segundo os esclarecimentos da nota 19 da Lição segunda.

primeira verdade, que é o ser; por outro lado, caso perca o princípio veritativo, as verdades e o seu próprio bom uso, usos úteis e salutares, utilíssimos se ordenados à verdade, mas que se tornam inúteis e danosos no caso contrário. Não obstante, o ofício da filosofia é a determinação dos princípios do saber, dos quais os particulares e as opiniões ao redor deles recebem lei e luz;

c) tomada de consciência sempre mais adequada, defesa eficaz contra a antifilosofia que vem ao nosso encalço na expectativa de que voltemos a dar-lhe atenção. No entanto, sabemos que toda verdade é tal pela verdade primeira do ser, "que contém" toda verdade e está "contida" em todas embora lhes transcenda, de onde se segue a consequência de que as opiniões verdadeiras e as verdades particulares são verdades enquanto a revelam e são, de alguma maneira, uma determinação sua. Infere-se ainda que toda ciência – economia, política, direito, etc. –, a fim de que se desenvolva e progrida ordenadamente, deve estar "contida" naquilo que a contém, o qual, por sua vez, está contido em cada uma – digo na forma moral do ser –, que é o próprio princípio de verdade, objetivo por essência, e cujos termos são toda a atividade humana e prática: não só o sistema da verdade não nega o econômico ou qualquer outro, mas os ensina à filodoxia, pois esta não sabe, sendo "ignorante", que até mesmo o econômico é um ato verdadeiro e espiritual e que o direito não é uma série de normas técnicas, mas a própria pessoa com todos os seus direitos invioláveis; portanto, o sistema da verdade não sente necessidade alguma de ir à escola dos filodoxos de qualquer talante para aprender não se sabe que tipo de saber acerca do corpóreo e da dignidade do homem, da justiça social ou qualquer outra que seja, uma vez que não possuem saber algum;

d) empenho, por parte do homem, em dar a cada grau ou ordem de saber uma nova forma dialética, isto é, de repensá-lo *ab imis* a fim de que novas verdades se gerem da verdade primeira e cada verdade se renove em outras, sua replicação fecunda e não sua estéril repetição; portanto, a renovação contínua e progresso ordenado do saber, nossa tarefa infinita, não só em extensão e em vista de verdades particularíssimas a serem acrescentadas a inúmeras verdades, mas, sobretudo, sem negligenciar estas últimas, de nova proposição crítica e de aprofundamento;

e) reconhecimento pleno da exigência "de base" de levar em conta as inúmeras verdades particulares, correspondentes às inúmeras necessidades da vida do homem no mundo, mas não para serem multiplicadas artificial e desordenadamente, senão para mantê-las sempre unidas à verdade, seu "fundamento"; tal reconhecimento deve ser solicitado a ponto de consentir explicitamente, sem falsos pudores de espiritualismo deteriorado ou cerebralismo, que as verdades de ordem superior adquirem um "maior uso" e um "maior percurso" quando acompanhadas das de ordem inferior, estando assegurado que estas últimas conferem às primeiras algo limitado ao uso e ao percurso, mas não se tornam mais verdadeiras por seu maior uso ou percurso;

f) redimensionamento da sedução do número já que a quantidade das verdades particulares e particularíssimas não as faz mais esplêndidas e preciosas que aquelas menos numerosas, sobretudo no que diz respeito à única verdade primeira da qual retiram o grau de riqueza que contêm; admoestação esta feita contra o infantilismo que existe em cada um de nós, de quem se exalta por esse ou aquele motivo mais ou menos útil, ainda que tal exaltação dure um só dia, se dá conta, admirado, de cada estupidez espetacular e publicada, embota-se de enciclopédias e morre sob o peso de efêmeras utilidades e do amontoado de páginas que as ilustram, envelhecidas no espaço de uma manhã, esquecido do essencial e do *porro unum necessarium*, mas já atrasado para "amadurecer" no diálogo interior e libertador com a verdade, a única que, embora adquirindo verdades particulares, maior uso e percurso, lhes terá dado o sentido e a possibilidade de sua melhor utilização, isto é, a autêntica concretude;

g) inviolabilidade e, direi, sacralidade da pessoa humana, do indivíduo singular, qualquer que seja ele, em cuja mente está presente o ser, a verdade primeira que o faz semelhante a Deus, e, por isso, fim mesmo da criação e de todas as verdades que a sua mente descobre, todas elas termos insuficientes do primeiro verdadeiro infinito. O fim último do homem, coincidente com a sua realização integral, não é o mundo nem o que é cognoscível pelo homem, mas Deus que o criou inteligente para uma perfeição que transcende a ordem natural e histórica: o ser como Ideia desencadeia um movimento de todo o homem que atravessa a totalidade do real e se cumpre somente no Ser.

Dessas considerações recebe uma confirmação ulterior o que sustentamos até agora: fora do sistema da verdade ou da ordem do ser não há nenhuma verdade particular, mas somente o ininteligível particular e as opiniões, as quais estão aquém do verdadeiro e do falso, governadas pelos instintos animais e humanos, adulteradas por uma razão reduzida a máquina eletrônica e seus cálculos precisos e todos não verdadeiros; fora da moral e da sua lei objetiva, que é ainda o ser, a economia, a política, o direito não são regulados pela justiça nem fazem crescer a nossa liberdade, porquanto obedecem ao prazer, ao cômodo, à ambição sem medida, dessacralizando e desumanizando qualquer valor, de onde se segue o súbito desencadeamento dos fanatismos. Quando se fecham os olhos ao cume da pirâmide e não se vê mais nada, tudo se esfacela: sobra o caos, o ininteligível, aquém do logos: eis o sistema do erro. Com ele, repito, não há a possibilidade de conciliação, de compromisso, nem mesmo de coexistência, que é sempre um modo danoso, aparentemente útil, mas apenas a longo prazo, de deixar o erro se insinuar e, depois, fazê-lo correr. Nem nisso, porém, existem verdades a aprender ou a tomar de empréstimo, pois o sistema enquanto tal exclui, desde o início, a verdade e a verdade postiça e desordenada que daí faz emergir é por ela corrompida, enquanto cada elemento verdadeiro está contido no sistema da verdade: se ele não se revela ou tarda a se revelar é só por nossa incapacidade ou culpável inércia em repensar e em aprofundar o sistema.

O cume da pirâmide, para usar a imagem de Rosmini, e ao mesmo tempo seu fundamento, é a forma ideal, primeiro lume, do qual todo real é termo e pelo qual é inteligível ou pode ser "pensado" – acolhimento da exigência hegeliana no próprio momento em que, ao satisfazê-la, Hegel e o hegelianismo são criticamente ultrapassados justamente ao salvar o logos e com ele o saber –; ela é ainda a lei da vontade pela qual, na forma moral do ser, se realiza a união da Ideia e do real, sendo o homem o artífice disso, pois foi feito inteligente pelo primeiro verdadeiro. Portanto, o crescimento do homem na verdade, dom divino que lhe é presente, o constitui e o ultrapassa. O crescimento da verdade através do esforço reflexivo e operoso do homem, o qual, por ela fecundado, a estimula a gerar novas verdades, fazendo-se ao mesmo tempo filho da verdade, mãe de todo verdadeiro e pai das verdades que, com o pensamento e a ação, fazem emergir e entrar na história: construção do saber e humano e agir no mundo. E a história do homem é a mesma da criação, sempre a se redefinir e a se cumprir nisto ou naquilo e jamais realizada e realizável sobre esta terra ou outro planeta, não também a história de um só homem que, partícipe do ser infinito na forma da Ideia, tem a sua realização, o seu ἔσχατον supremo, no Ser, de cuja existência é prova o próprio homem, justamente porque existente finito pensante na infinita verdade e, por isso, além do saber mundano que ela mesma gera e do qual o homem, por ela feito inteligente e capaz de querer, é artífice. Mas a perfeição do homem – a verdade unida à virtude ou sabedoria – é sempre perfectível e mundanamente inconcebível mesmo se ele não morresse. Então, é ato sapiencial supremo estimular a reflexão – portanto, sempre processo filosófico, mas que empenha o homem na sua inteireza e a criação feita inteligível na sua totalidade – na aquisição da verdade metafísica da existência de Deus, o Princípio primeiro do qual o princípio dialético ou verdade primeira, aquela que, mãe do saber, lhe permite construir, em luta acirrada com o erro e o mal sempre na espreita dentro de si, o sistema da verdade, que, assim visto, é aquele que a tradição considera o fundamento racional da fé ou das verdades reveladas: o verbo ou logos do homem, através das vicissitudes da vida, seu empenho total, vai para Deus, seu empenho absoluto e realização, por meio do Mediador, Deus mesmo no Cristo, o Logos divino, o Verbo encarnado.

Os mesmos motivos que não permitem a conciliação entre o sistema da verdade e o do erro nos oferecem todas as possibilidades de concordância, não no sentido de estéril ecletismo, mas sempre no de repensamento e aprofundamento pessoais, das várias perspectivas filosóficas do princípio do ser, todas elas sondagens da verdade sob a forma em que está contida nos princípios, cuja determinação, dizíamos, coincide com a própria tarefa da filosofia; perspectivas a serem colocadas sempre em discussão a fim de renová-las ou aprofundá-las ulteriormente, até mesmo porque são todas parciais e deficientes em relação à verdade infinita. Assim, novas verdades são elevada ao nível do pensamento reflexo mediante uma sempre mais clara, sem jamais ser exaustiva, tomada de consciência acerca de problemas e soluções que nos impõe o ofício próprio de seres pensantes; o todo, embora na diversidade dos pontos de vista, no interior do sistema da verdade ou na unidade da metafísica clássica. Só desse promontório e respeitados os princípios da verdade, objeto interno da busca filosófica e *conditio sine qua non* do filosofar perene, pode-se abrir o diálogo crítico com a filodoxia, cujas doxas podem ser estímulo ou indicações de novas verdades ou problemas,[20] de modo que as verdades sejam sempre indagadas e sistematizadas e os problemas, discutidos e solucionados sob o ponto de vista da filosofia e dentro do sistema da verdade, o único sistema filosófico porque metafísico e dialético.

---

[20] Rosmini mesmo o reconhece (*D. s. A.*, n. 5): "E porque nós devemos ser justos com todos, até o primeiro autor do mal, reconheçamos nós também que os sofistas são, sob certo aspecto, os precursores do progresso científico, porquanto, com sempre novas absurdidades, eles sacodem os que possuem o verdadeiro em sua quietude e os força a se porem no trabalho de impelir o entendimento humano".

LIÇÃO QUARTA

Perspectiva de solução do problema da doxa no sistema da verdade

1. Os dois postulados da filosofia

A filosofia, segundo Rosmini e como dissemos, é aquela reflexão com a qual o homem se pergunta, implícita ou explicitamente, quais são as razões últimas de todo o saber e "*as razões últimas* são as respostas satisfatórias que (ele) dá aos últimos *porquês* com os quais a sua mente interroga a si mesma".[1] No entanto, a filosofia não é a única reflexão de que o homem é capaz, e outros tipos a precedem, nem a reflexão é o único e o primeiro modo que ele tem de conhecer. Disso resulta que a filosofia, que não toma nada de seus princípios das outras ciências, toma da natureza humana os seus "*postulados*... como condição de seu nascimento" ou, mais precisamente, "a notícia natural e imediata do ser

---

[1] *Sistema Filosofico*, n. 2. As razões "verdadeiramente últimas" "constituem o objetivo da *Filosofia geral*. As razões últimas de determinadas partes do cognoscível não são últimas, se não com respeito a tais determinadas partes, e constituem o objetivo das *Filosofias especiais* das ciências particulares": filosofia da história, da política, das matemáticas, etc. (ivi, n. 3).

e o sentimento",² isto é, o "ser ideal" e o "real primitivo", o primeiro, ato de intuição do qual a faculdade própria é o intelecto ou inteligência, que é "muito anterior à reflexão filosófica"; o segundo, "aquilo que constitui o sujeito homem, porque o homem (que intui o ser e é capaz de perceber o próprio corpo com a percepção imanente que o torna simultaneamente animal e racional) é um sentimento substancial e individual". Os dois postulados pertencem, portanto, à "cognição direta", que não é a reflexão, a qual surge sucessiva e não repentinamente sendo a reflexão filosófica precedida por muitas outras reflexões, das quais uma parte constitui a "cognição popular".³

Os dois postulados da filosofia são o próprio homem como unidade de corpo e espírito ("percepção primitiva", na qual está, segundo Rosmini, tal união), síntese do princípio da subjetividade (ou sentimento primitivo ou existência) e do princípio da objetividade ou intuição primitiva do ser como Ideia, intuição que eu chamo de "síntese ontológica primitiva" ou "originária".⁴ O segundo dos dois postulados se conhece por ato intuitivo e não reflexivo, mas o mesmo ser intuído intelectivamente é a forma objetiva de cada conhecimento – o real se conhece pela Ideia – e, por isso, o conhecimento de cada

---

² *D. s. A.*, n. 68. Com efeito, "o ser é o primeiro *de per se noto,* posto que todas as outras notícias supõem sempre diante de si aquela referente ao ser"; se o *de per se noto*, "não tem notabilidade dele mediante outra concepção"; resulta que se o ser é notado por si mesmo, "não se pode exigir que seja definido, mas é necessário que se conceda a notícia dele dada antecedentemente a qualquer raciocínio": é um postulado, *"ponto de partida"* ou *"princípio do saber"*, sem o qual "não se dá um saber científico" (*Antropologia in Servizio della Scienza Morale*, n. 10). Outro postulado é o "sentimento": ele "a isso que se torna notado a uma mente, convém que o espírito se reporte ao ser, forma de todas as cognições. Mas o sentimento não pode se reportar ao ser daquele que não o tem, e ter ou experimentar o sentimento é o mesmo. Portanto, não se pode *conhecer* um sentimento de quem não tem dele experiência" (ivi, n. 14).

³ *D. s. A.,* n. 68.

⁴ Cfr. sobretudo: *Interiorita Oggetiva*, Milão, Marzorati, V ed., 1967; *L'uomo, questo "Squilibrato"*, ivi, V ed., 1963; *Atto ed Essere*, ivi, IV ed., 1963.

ato de reflexão; enquanto tal, é princípio do caráter dianoético do real, o qual, enquanto permanece "incógnito" em relação à mente, é como que "caído no nada". Ou melhor: só o ser "é por si objeto", não pode jamais não ser objeto; portanto, não pode faltar a forma objetiva necessariamente resultante; o ser objetivo, portanto, ou intuição primeira da Ideia é um dos dois postulados da filosofia, mas, como forma objetiva de todo conhecer, é o princípio da reflexão filosófica e de qualquer outra, até mesmo da cognição popular e da opinião.[5] Portanto, a reflexão sobre a Ideia, que é um postulado enquanto ato de conhecimento intuitivo, mas que nesse caso é objeto de reflexão, nos diz que a Ideia é dialética, ou seja, que está em relação ontológica com uma mente, e em relação dianoética com o real, que, do logos, é um termo ou uma especificação, isto é, o princípio da sua inteligibilidade através do sentimento, o outro postulado, o princípio da subjetividade.

Em suma: o discurso sobre o real ou ontologia, enquanto discurso sobre os entes, é filosófico se for dianoético; o real sentido é inteligível enquanto "pensado" dianoema – e é aqui reconhecida a exigência fundamental do racionalismo moderno e do idealismo sobretudo hegeliano –; mas o real comporta também o discurso sobre o sentimento ou princípio da subjetividade ou existência, sobre a sensação e sobre a opinião que põem exigências não negligenciáveis, embora devamos recusar as antifilosofias que pretendam satisfazê-las abolindo o princípio veritativo. Procuremos esclarecer e aprofundar

---

[5] A cognição popular não é filosofia nem ciência, sendo uma fase anterior a estes graus de reflexão; unida à virtude a ela correspondente, forma a assim chamada sabedoria popular. As antifilosofias propõem uma virtude para uso das sensações, das paixões e das opiniões e, por isso, negado o plano objetivo do ser, identificam a virtude com a "habilidade" ou com a dosagem e o cálculo do prazeroso e do útil; os "cerebrais" da ciência identificam a virtude com a própria ciência. Uns e outros negam a sabedoria, os primeiros porque deixam a virtude sem ciência e por isso não mais virtude, os segundos porque consideram a ciência como ela mesma virtude, que, afinal, significa menosprezar a virtude. A sabedoria popular está mais no verdadeiro e pode ser objeto de reflexão filosófica com vantagem de si mesma e da filosofia.

os dois aspectos que devem ser distintos, mas não separados nem tidos como separáveis.

2. Caráter noético do princípio fundante e caráter dianoético do real

No momento em que Rosmini concorda sobre o caráter dianoético do real, ele nega, contra Hegel, que haja conhecimento discursivo ou lógico acerca do princípio primeiro de todo conhecimento e que seja simultaneamente constitutivo ontológico do pensar, negando implicitamente que o ser "por si conhecido" e "por si objeto" seja redutível a função ou categoria da razão, à transcendentalidade sob qualquer forma que seja e também à ideia inata no sentido cartesiano. De tal modo fundante, o objeto intuído da inteligência (noesis), não é envolvido simultaneamente na discursividade da qual é o fundamento, nem é adequado pelo real, do qual ele, princípio noético, é o princípio do caráter dianoético, de todo conhecimento e da própria reflexão filosófica. Daí se segue que Rosmini, ao aquiescer à instância hegeliana, já posta por Parmênides, que o discurso filosófico sobre o real só pode ser proposto em termos de sujeito pensante e de real pensado, no mesmo momento:

> a) afasta a ideia de que toda verdade, compreendida aquela do ser por si conhecido e por si objeto, deva ser provada mediante raciocínio ou dedução lógica, seja, de algum modo, criação ou produto do homem, afirmação esta que, por um lado, leva o raciocínio ao infinito e ao agnosticismo, e, por outro, denuncia a dogmaticidade do racionalismo absoluto o qual coloca todas as coisas em discussão, exceto os poderes soberanos da razão, isto é, faz objetiva uma faculdade que adere ao sujeito humano como se a razão fosse ela mesma a verdade;

b) confirma que a filosofia tem em si mesma os seus princípios, mas tira de outros lugares os seus postulados e, sobre um plano distinto daquele de alguns pensadores alemães da idade romântica, reivindica o imediato intelectivo, a intuição do ser na sua infinitude, que Hegel tinha negado coenvolvendo o próprio ser no processo lógico-histórico, redução a conceito da Ideia e identificação do ser, em sua inteireza, com o real conhecido ou histórico e, por consequência, da ontologia e da metafísica com a lógica, com a razão que se faz historicamente;

c) fundamenta a autonomia da filosofia que não pode se identificar ou se reduzir a nenhuma forma de saber – ciência ou história ou outra – que não seja o próprio saber filosófico, sem, com isso, resolver o ser que é objeto da filosofia e princípio de todo saber do momento filosófico, já que o ser objetivo, essência do ser na sua extensão infinita, transcende o mundo natural e humano, o real e o cognoscível em suas inteirezas: ele, princípio ontológico-metafísico, é também princípio dialético, já que não pode não existir sem relação a uma mente; por consequência, não é princípio absoluto, mas aquilo que restitui intrinsecamente ao Princípio metafísico absoluto, isto é, não pode ser Princípio dos dois postulados, o ideal e o real, e dos princípios da filosofia, derivados também estes do ser.

Portanto, Rosmini pode sustentar que o raciocínio não cria nem produz a verdade, mas a deduz; tampouco cria ou produz o juízo, que analisa as verdades e as conecta; portanto, raciocínio e juízo não são um aumento de verdade, mas a fazem "ver" por mais lados – contribuem a revelá-la – e nas suas relações. Isso lhe permite, ainda, dizer que, ao lume da verdade, dado ao homem, "com certa limitação", Deus comunica um supremo grau de luz com a Revelação das Verdades sobrenaturais para regenerar as suas potências feridas pelo pecado original. O princípio dialético-metafísico lhe permite provar a existência de Deus e a imortalidade pessoal, e de colocar a serviço da fé, como veremos melhor em seguida, o sistema da verdade como seu fundamento racional, e isso significa, enfim: que o fundamento da fé ou das Verdades sobrenaturais não é a razão, mas o homem na sua integralidade, do qual a razão é a explicitação coerente e discursiva, o homem como síntese ontológica originária de existente sensitivo-inteligente-volitivo-racional e de objeto por si conhecido e por si objeto na sua extensão infinita, e, por isso, inexaurível e irrealizável na esfera da criação e realizável somente na do Criador. Por sua vez, Santo Tomás nos diz que "o ser considerado absolutamente", ou seja, sem as fronteiras que o limitam, "é infinito, porque é possível que seja participado por infinitos entes e de modo infinito. Se, portanto, o ser de algum ente é finito, é preciso que ele seja limitado por alguma outra coisa, que seja de alguma maneira causa do ente",[6] isto é, que seja limitado pela sua essência ou forma; mas já que "todas as formas limitam o ser, nenhuma se identifica com o ser" e cada uma "enquanto se distingue das outras é um modo particular de participar o ser".[7]

---

[6] *Contra Gentiles*, I, 43, n. 363.
[7] *In Boetium "De Hebdom."*, 2, n. 34. E J. Maritain *(Le Paysan de La Garonne*, Paris, Desclee de Brouwer, 1966, p. 164-66): há "une intuition *intellectuelle*, purement et scrictement intellectuelle, qui est bien propre et sacre de l'intelligence comme telle", e "l'intuition absolument premiere sans laquelle il n'y a pas savoir philosophique: *l'intuition de l'etre*", a qual "n'est pas seulement, comme la realite du monde et des choses, le fondement absolument premier de la philosophie. Elle est le *principe* absolument premier de la philosophie (quand celle-ci est capable d'etre pleinement fidele a elle-meme et d'atteindre toutes ses dimensions)". [Há uma intuição *intelectual*, puramente e estritamente intelectual, que é bem própria e sagrada da inteligência enquanto tal, e a intuição absolutamente primeira sem a qual não há saber filosófico: a *intuição do ser*, a qual não é somente, como a realidade do mundo e das coisas, o fundamento absolutamente primeiro da filosofia. Ela é o *princípio* absolutamente primeiro da filosofia (quando ela é capaz de ser plenamente fiel a si mesma e de atender a todas as suas dimensões)]. (N. T.)

3. A recuperação da doxa no logos e a perspectiva de solução do seu conflito

Mas o real, além de ser conhecido intelectivamente, é "sentido", antes, primeiro é sentido, pois o homem é também sentimento corpóreo e sentidos, capaz de sensações e de opiniões: eis aí toda uma zona que é uma parte de nós e de nós faz parte, sem a qual a nossa vida no mundo seria impossível; com a morte do corpo, com efeito, cessa a vida. O problema, repetimos, não é de negar o real, ou mesmo de diminuir sua importância, nem de negar a Ideia em favor do real sensível, o qual, como tal, é apenas objeto de sensações-opiniões, mas sim de conservá-los distintos como duas formas do ser e dois graus de conhecimento, ambos necessários, ficando assegurado que: a) o real é inteligível pela Ideia; b) as opiniões podem se dizer verdadeiras ou falsas porque há um princípio veritativo; c) a elevação indevida da sensação-opinião a princípio do conhecer e a único conhecimento possível é o falso elevado a princípio, de onde o sistema do erro ou filodoxia, que significa justamente negação do ser, da verdade e da unidade e afirmação unicamente do vir a ser opinável e múltiplo, o qual, enquanto tal, não é nem mesmo opinável no sentido teorético nem realmente utilizável no sentido prático: em torno dele se pode disputar somente a partir deste último ponto de vista, que, privado de um critério, identifica-se com o interesse ou o prazer subjetivos e temporais, isto é, põe-se ao nível dos nossos instintos animais e humanos, cuja satisfação não pode ser senão desordenada e, por fim, danosa.[8]

---

[8] "Antes de tudo... se devem distinguir estas coisas: que é aquilo que sempre é e não tem nascimento, e que é aquilo que nasce sempre e jamais não é? Um se apreende com a inteligência mediante o raciocínio (νοήσει μετὰ λόγου), porque é sempre no mesmo modo; o outro é opinável da opinião mediante a sensação irracional, porque nasce e morre, e não é jamais verdadeiramente" (Platão, *Timeu*, 27d-28a). Profunda a análise da filodoxia conduzida com rigor lógico por Platão no *Sofista*, em que para definir o sofista – que é uma dimensão do homem – toma como exemplo a definição da "pesca com linha", que é uma parte da pesca vulnerante e precisamente a pescaria "com os anzóis" e "desta aquela que puxa para cima golpeando de baixo", com a diferença que o pescador

Rejeitada a filodoxia, restam os problemas do sensível e da atividade mundana do homem que, da filosofia, esperam o discurso que os torne inteligíveis; resta o problema da doxa com todo o seu peso iniludível a ser recuperado plenamente, já que se o homem, no mundo, não pode prescindir da verdade sem cair no caos, tampouco pode deixar de lado a doxa sem prescindir da vida, a qual é, enfim, todo o real a que se endereça a reflexão filosófica. Por isso, o filósofo é "desejoso do saber", não deste ou daquele saber, mas de tudo, como o apreciador de vinho deseja todo vinho e o amante de honras, todas as honras.[9] Portanto, o filósofo não afasta a doxa, mas só a que é cega e não se funda sobre o logos.[10] Com efeito, o próprio Platão, sobretudo no *Teeteto* e também na *República*, discute amplamente e a fundo o problema de como dar às doxas um conteúdo objetivo, inderivável, porém, da única razão que por si mesma não é lume de verdade, mas um instrumento (o cálculo e a dedução e outras operações racionais podem ser formas de automatismo, e o homem pode construir átomos) que se pode pôr a serviço do sensível-opinável; daí se segue que a combinação ou a integração opinião-razão não faz a doxa[11] mudar de sinal e que isso ocorre só se uma ou outra forem iluminadas pelo logos, objeto do nous. Nesse caso, a doxa, mesmo se não for jamais verdadeira ciência, tem sua validez e

---

de linha se volta à caça de água, o sofista, à de terra, isto é, "a caça dos homens", "persuasiva" com a aparência de educar (*Sofista*, 221b-223b). Portanto, o filodoxo se serve de "anzóis" (os sofistas sedutores e persuasivos) e golpeia a partir de baixo – se dirige aos instintos humanos e às paixões – com a ilusão de educar; de fato "educa" os mais dotados de habilidade para satisfazê-los, excitando-os, por sua vez, com a palavra na massa de modo a arrastá-la e coagulá-la à sua vantagem: "um despacho de discursos e de noções (μαθήματα) de virtude, fazendo parte da mercadoria do espírito (ψυχεμπορικῆς)", isto é, *logoi* de despacho público ou *mathémi* ou cálculos racionais que têm a aparência da virtude, produção de grande consumo por um rentável "empório" do espírito, onde se vendem mesmo ao mito, não endereçados à busca da verdade da qual prescinde, pode se aplicar a tudo produzindo a *doxastiché epistéme* (ivi, 224c-235a).

[9] Platão, *República*, 475a-b.
[10] Ibidem, 506c.
[11] *Teeteto,* 203 e seg.

função teorética além de prática; com efeito, a "opinião reta", que possui da ciência e da ignorância,[12] é válida "para bem conduzir a ação" e "não é menos útil do que a ciência".[13]

Mas as coisas não são assim tão tranquilas e pacíficas: as doxas, espinhadas pelas paixões, tendem a desvencilhar-se do logos e dos ligames racionais e, assim como as estátuas de Dédalo, a submeter a razão ao seu domínio; além disso, a doxa comum, quando atacada e desmascarada pela verdade, potencializa sua força de persuasão e o peso da quantidade com aquele do escândalo; a tentação do caminho fácil e imediatamente rendoso faz o resto. O duelo entre os dois planos, o doxático e o noético-epistêmico, cujo bom êxito não é a derrota de um ou outro, mas a sua harmônica convergência a ser conquistada e proposta de novo a cada instante, combate-se dentro de cada homem, é própria de cada indivíduo singular, o qual, porém, é também um complexo de sentimentos, e não se deve olvidar que a existência é sentimento fundamental corpóreo e sentimento fundamental intelectivo-volitivo. Então, a razão, para não enlouquecer correndo atrás dos instintos animais e humanos e das paixões num delírio angustioso de cálculos, contas, argumentos ou atrás de puros *máthemas* que prescindem do homem feito autômato indiferente, não deve ser calcada nas sensações e nas paixões e nos instintos, mas sempre mantida enganchada ao lume de verdade, deve ser radicada nos sentimentos onde se enraízam também a inteligência e o seu objeto interior, de modo que realize o equilíbrio e a cooperação de elementos distintos e diversos pelo seu completo desenvolvimento no e segundo a ordem do ser; o qual, por outro lado, presente à mente do existente finito – e enquanto existir participante da forma real do ser –, sob a forma infinita da Ideia, permanece irrealizável em cada ato humano, qualquer que seja e

---

[12] *Banquete*, 202a.
[13] *Menon*, 97b e seg.

em todos, e põe constitucionalmente o homem na condição do único ser ontologicamente "desequilibrado"; no entanto, a vertical que dá o desequilíbrio não o subtrai do corpo ou do real, mas eleva todo o vital e o real ao seu nível, que é o mesmo da Ideia, lume da inteligência e da razão e da vontade, eleva o homem integral e a criação ao ponto em que ele "vê" a sua realização no Ser infinito que é a Verdade infinita. No interior dessa concretude, o problema do conhecer, em toda a sua extensão e na copresença de todas as fontes naturais de conhecimento, da simples sensação ao discurso mais complexo e rigoroso, entendido no sentido "de que coisa é isto e aquilo, o real", a fim de que não se dissolva em *curiositas*, mesmo que seja *docta* ou na concupiscência do acúmulo sempre crescente de notícias ou informações, deve estar indissoluvelmente unido ao outro, o único fundamental, "quem sou eu; quem és tu", porque só se se responde a essa pergunta do homem sobre o homem têm sentido autenticamente ontológico as outras sobre quaisquer coisas que sejam e tem esse mesmo sentido o nosso próprio conhecer, fazer e transformar. De tal modo, o problema da verdade empenha quem a procura para saber quem é ele que procura e o ambiente em toda a sua extensão – natureza e humanidade juntas – para estabelecer vínculos e relações verdadeiras, mesmo ao nível das opiniões e das paixões, e empenha a própria verdade envolvida na complexa vida do homem no mundo, chamada a ordenar-se desarmada na batalha, exposta a todos os assaltos: aquela concretude é delicada criatura, sempre a ponto de se quebrar. Os fatos nos dizem que em cada época se conhecem povos sanguinários e ferozes e outros que a qualquer momento podem repentinamente vir a sê-lo, desencadeando-se povos avarentos até a avareza moral e friamente cruéis até a impassibilidade, mas não nos dizem de povos ou de grandes massas "boas"; mas os fatos não são o sentido da história, que deve ser vista ao lume da verdade, que não é um fato nem de formação histórica.

Alcibíades com vinte anos e belo, de potente rica ilustre família; mas não se contenta com aquilo que tem, deseja o poder em Atenas, o suficiente a fazê-lo potente entre os gregos e os povos todos, mas só Sócrates pode lhe dar aquilo que deseja porque só o amigo pode ajudá-lo na aquisição da "ciência do justo", essencial ao *politichós*; e o potentíssimo jovem não a possui. A doxa possuída por Alcibíades escandaliza-se, mas outro golpe o espera: o justo e o útil não são a mesma coisa e por isso não basta falar dos "particulares interesses dos atenienses" para ser político, é necessária, também nesses casos, "a condição de maior justiça", mas Alcibíades sobre o justo e o injusto não aprendeu nada e nada encontrou de si; todavia, a sua ambição o impulsiona a ir à Assembleia para dar conselho aos atenienses e obter o comando do Estado. O mundo doxático de Alcibíades é convulsionado pelo epistemático de Sócrates, ao qual pertencem honestidade, justiça, bondade e sabedoria; e o potentíssimo jovem, que quer perseguir aquela que "não será glória", pergunta ao desarmadíssimo velho: "Que devo fazer?". "Conhecer nós mesmos e ter disso cuidado", a resposta; saber "que coisa somos nós mesmos", e somos outro "das coisas das quais fazemos uso"; portanto, há uma arte que nos faz melhores e outra que torna melhores as nossas coisas,[14] mas esta última não é possível possuir sem que antes tenha sido adquirida a outra. Portanto, quem "persegue riqueza e dinheiro, não a si mesmo e as coisas suas persegue, mas alguma coisa de mais remoto": "o homem de afazeres então não se pode dizer que provê ao fato seu". Provê a si quem se volta àquela "divina" parte com a qual a alma "conhece e pensa" e é aquela parte que a faz semelhante a Deus; "e é olhando nela e nela conhecendo tudo aquilo que possa haver de divino, Deus e o pensamento, que se pode chegar a conhecer a si mesmo... Portanto, mirando em Deus, teremos nEle o espelho mais perfeito, mesmo em relação às humanas coisas

---

[14] Platão, *Alcibíades* I, 128e.

para entender a verdadeira virtude da alma".[15] E quem em Deus se espelha não "ignora as coisas dos outros" nem aquelas do Estado, e se as ignora, "não será jamais um político" nem saberá administrar "nem mesmo as coisas de sua casa". Mas é impossível que possa ser feliz quem não tem sabedoria; portanto, "não quem se torna rico se liberta da infelicidade, mas quem vem a ser sábio";[16] portanto, "não convém preparar tiranos nem a si mesmos nem à própria pátria, mas antes, virtude, se se quer ser felizes": do político os cidadãos devem receber também virtude, justiça e sabedoria. Poder político não significa liberdade de fazer aquilo que se quer no obscurecimento "de cada luz de intelecto",[17] mas essa luz seguir.

Alcibíades, o "cavernícola", Sócrates, o "libertado"; o primeiro vive entre as "sombras" do sensível e crê que sejam o verdadeiro e se preparou para distingui-las, enumerá-las, recordá-las, convencido de que seja esta a arte do político; o outro, saído da caverna, se fez a visão da luz do Bem e não se deixa seduzir pelo jogo e pelos pequenos afazeres do poder. Mas as "sombras" têm o ser do qual o real é uma das formas, como a sensação e a opinião são graus de conhecimento: último grau da escala, se se quer, mas "básico" enquanto é o degrau da vida unido àquele da existência, que não é no mundo sem a vida. O segredo está em não nos contentar da base e em não pretender ver, talvez melhor, o baixo de baixo, trocando o empírico pelo concreto, ilusão doxática que perde o baixo por ter renunciado ao alto, violência à natureza do homem; mas de subir até o cume, ao plano noético, a fim de que a luz da verdade ilumine toda a escala e do cume descer de novo, informando cada nosso ato à ordem do ser, até as raízes da vida toda para dar a vista aos cegos das sensações e das opiniões, dos instintos e das paixões de modo que também elas se tornem luminosas,

---

[15] *Alcibíades* I, 133b-c.
[16] *Alcibíades* I, 134a-b.
[17] *Alcibíades* I, 135b; 134e.

e carne e matéria e cada coisa sejam vistas com olho de verdade. Só esse "exercício" duríssimo e quotidiano, que é enfim o pensar e o filosofar, dissolvida a ilusão que a representação do mundo na sua totalidade do ponto de vista da doxa possa levar ao seu conhecimento, faz que o político não se preocupe somente com a expansão exclusiva violenta impiedosa de si mesmo se coincidente com a dos outros, graças a uma técnica capaz de produtividade ilimitada, comportamento de sujeito animal racional, e de uma razão despotencializada ao nível da computação e do automatismo consequencial, escravo da lei a saltos mecânicos do egoísmo do possesso pelo consumo; e faz com que os governados o sigam, cada um como pode. Daí se segue que o saber que somos nós mesmos, e somos outros das coisas das quais fazemos uso de modo que a arte que nos faz melhores é diversa daquela com a qual melhoramos as coisas que usamos, comporta com a distinção o encontro dos dois planos, mesmo se aquele das coisas deve ser coordenado ao outro, diverso por salto qualitativo; antes, só quem sabe tornar melhor a si mesmo olhando naquilo de divino tem a sua alma, a forma objetiva do pensar orientado ao Ser, só ele conhece a arte que torna melhores as suas coisas e dos outros, isto é, a verdadeira arte do verdadeiro político.[18]

O pensamento objetivo, "ápice da mente" como escreve Agostinho, nos é dado por Deus qual "gênio tutelar" que nos "soleva da terra" como "plantas não terrestres, mas celestes" e "exige mesmo todo o nosso corpo" até o cume. Quem "se abandona às paixões e às contendas e muito nelas se labuta,

---

[18] O mesmo discurso vale para qualquer atividade prática ou cognitiva do homem, isto é, para a verdadeira arte do verdadeiro jurista, economista, sociólogo, cientista, etc. Isso comprova o que foi dito acerca do sistema da verdade, que coincide com a filosofia: o mesmo ser intuído como Ideia é lei da vontade ou forma moral, que, como tal, é união da Ideia e do real; portanto, o ser é o princípio de todo o saber e conhecer ou do campo teórico e de todo o agir ou do campo prático. Quer dizer: o logos primeiro é fundamento e princípio de toda a história humana e natural em todas as suas manifestações; prescindir disso é cair no erro e no mal, substituir o logos é instaurar a filodoxia e o antidiálogo.

de necessidade concebe só opiniões mortais... e acresce a sua parte mortal; quem, ao invés, se dedica ao estudo da ciência e à busca da verdade e exercita em especial modo essa parte de si mesmo, atingida a verdade, é necessário que tenha pensamentos imortais e divinos", participe da imortalidade.[19]

E assim o homem, limitado enquanto sujeito, pode "estender-se sem fim" no objeto infinito interior, a verdade primeira, isto é, pode estender o seu conhecimento e as suas ações, "engrandecer além da medida a si mesmo" com descobertas, invenções, progresso, obras criativas, e "a este engrandecimento ele aspira, como sua própria perfeição". Mas a fim de que essa sua aspiração a um modo sempre "mais amplo e mais nobre de existência" seja uma expansão ordenada, é necessário que as suas atividades, cada uma tendo "seu próprio impulso" que a impele a agir independentemente das outras, não entrem em conflito e não se desenvolvam uma independente da outra – as ciências da moral, a economia do direito e da própria moral, etc. –, provocando entre si desordens e desarmonias. Só a verdade pode animar e dirigir o ímpeto particular de cada uma, governá-las para o bem "do sujeito que todas em si as contém", de modo que ele não se desnaturalize nem perca a própria unidade "transformando-se quase numa potência aos caprichos da qual sacrifique a si mesmo".[20] "Sob o governo da verdade, portanto, há uma total servidão das singulares potências, não aquela do homem; que diante destes pela verdade, longe de adquirir servidão, vem a ser o governador de si mesmo, senhor de todas as suas próprias

---

[19] *Timeu*, 90a-c.

[20] Este perigo, que ronda a cada homem, leva, como acenei antes e desenvolvemos em outro lugar, ao monarquismo ou à tirania de uma atividade e, por consequência, à absolutização de um valor. O homem contemporâneo, por exemplo, tende a se identificar com o lugar de trabalho, com a fazenda, a fábrica, etc., a ponto de fazer deles o seu fim absoluto, anulando qualquer outro interesse, sobretudo se for cegado pelo sucesso e pelo bem-estar econômico. De tal modo se torna dominante e tirânica uma concepção puramente funcional e operativa da vida, empenhada em coisas práticas dos *businessmen*.

faculdades".[21] Portanto, "só a verdade faz livres".[22] E "a união íntima do homem com a verdade é natural, onde o operar segundo esta união é consentâneo à liberdade humana".[23]

Mas a própria liberdade tem o poder de se rebelar, de dizer falso o verdadeiro, atraída como é de todas as tentações que sopram de todos os lados e em todos os lugares; só uma vontade potente e vigilante unida a uma razão sempre fixa na inteligência pode manter-se na ordem do ser, mas caídas e saídas são inevitáveis pelos limites ontológicos inerentes ao homem.[24] Todavia é preciso empenhar-se inteiramente a querer a verdade e na verdade e aquilo que dela se segue: a natureza humana integral e a liberdade se unificam e o homem, uno perfeito, corpo e espírito, atua inteiro o seu ser em comunhão com os seus semelhantes e as coisas – as duas alteridades qualitativamente diversas, mas inseparáveis –, se faz integral e ordenadamente aquilo que é, a sua perfeição, já que "entre as coisas o ser é a mais perfeita" e "ser é a atualidade de cada ato e, portanto, a perfeição de toda perfeição".[25] E a filosofia no seu significado autêntico busca e ensina as verdades de mais alto grau e, enquanto estudo de sabedoria, torna a verdade operativa sob qualquer forma ela seja e a faz presente mesmo no nosso sentir e opinar, íntimo nexo entre verdade e virtude, a existência informada à verdade.

Mas, dizíamos, o verdadeiro não sempre apraz à vontade e frequentemente lhe é molesto já que o egoísmo faz ser

---

[21] Rosmini, *D. s. A.*, n. 26.
[22] João 8,34.
[23] *D. s. A.*, n. 28.
[24] À debilidade da vontade vem ao encontro a Graça, com a qual Deus "se une realmente conosco e permanece unido a nós", criando em nós uma nova potência (Rosmini, *Antropologia Sobrenatural*, cap. V)
[25] Santo Tomás, *De Potentia*, 7, 2 ad 9. E *In I Sent.*, 17, I, 2 ad 3: "O ser é mais nobre que qualquer outro elemento que o acompanha; por isso, em linha absoluta, é mais nobre até mesmo que o conhecer, suposto que se possa pensar ou conhecer fazendo abstração do ser".

repugnante a justiça; rompe-se a união entre a natureza humana e a verdade e isso faz dizer ao filodoxo Hobbes, mesmo se com inegável senso da efetualidade: "Toda vez que a razão for contrária ao homem, o homem será contrário à razão";[26] mas é ele que, para seguir os seus instintos, considera inimiga a razão segundo verdade, luta para sujeitá-la e se coloca em guerra com o melhor de si mesmo, de modo que justamente Leibniz observa que as próprias verdades matemáticas viriam a ser argumento de acirradas disputas se comandassem aos homens sacrifícios e regulassem os seus costumes, coisa que no fundo ocorre quando de um modo ou de outro se aplicam também a esse objetivo. Só quando as duas formas de sabedoria – a comum e direta que se funda sobre o conhecimento popular, um dos dois modos em que a verdade se conhece na sua integralidade formal, e aquela filosófica ou reflexa ou consciente que se edifica sobre a ciência – se encontram de modo que a primeira, a qual livremente "caminha na luz daquela verdade que conhece e ama sobre todas as coisas", se acha intacta também na outra "que raras vezes é perfeita e inteira", só então o homem ama "tudo aquilo que sabe de verdadeiro, sabendo-o numa forma ou noutra", "procura realizá-lo plenamente e tornar quase subsistente e vivente" em si mesmo a verdade que conhece. Mas os perigos são tantos e o erro e o mal têm cérebro lógico e caminhar longo e rápido; é preciso ao economizar-se nada para chegar, entre a luta e sempre na luta, à "*vontade reflexa e consciente* que surge como nova potência no seio da ciência, e que no verdadeiro, do qual frui, reencontrar uma alegria sua própria, que também é cognição, e amor, e novo obséquio do verdadeiro". Perigosíssimo escolher vínculos assim sagrados: "Toda vez que se quis separar a *ciência* da *virtude moral*, e se pretendeu que aquela devesse caminhar sozinha e bastasse a si mesma; encontrou-se a languir e

---

[26] T. Hobbes, *Tratado sobre a Natureza Humana*, Carta dedicatória.

morrer nas mãos temerárias que a fizeram padecer aquele experimento";[27] e pode languir e morrer mesmo entre o mais mirabolante progresso técnico. Desvincular a ciência da forma moral do ser é renunciar à sabedoria, obstaculizar ou impedir o esforço de perfeição do homem; com efeito, a lei moral nos impõe de reconhecer o ser próprio de cada ente conhecido intelectualmente, isto é, de amá-lo pelo seu grau de ser, a "justiça" que a todo ente devemos: às coisas, ao homem, a Deus. Pensar no lume da verdade e conhecer segundo a verdade, que é o único bem do intelecto: "*bonum est verum intellectus*";[28] e querer cada ente segundo a verdade, lei da vontade.

4. O sistema da verdade como fundamento da Revelação

Essa perspectiva filosófica, e qualquer outra que se inscreve no sistema da verdade, pode ser fundamento da Revelação e abertura à fé nas Verdades sobrenaturais. A divina Providência não tem necessidade de um sistema qualquer que seja para a salvação dos homens; todavia a) "entre a revelação e uma filosofia autêntica não pode surgir nenhum dissídio, já que a verdade não pode ser contrária à verdade, como a verdade que, una e simplicíssima na sua origem, é consentânea sempre a si mesma"; b) "a filosofia, onde não se separa da verdade, ajuda à mente dando-lhe uma natural disposição e uma tal preparação remota à fé, da qual faz sentir ao homem a necessidade"; c) as dúvidas da razão, obstáculos ao pleno assentimento às verdades reveladas, "devem ser resolvidas com a própria razão" e a própria Igreja convida os filósofos a se prestarem a esse ofício; d) "a doutrina revelada não pode ser exposta completamente de modo que a ciência sempre venha a supor que tais verdades são demonstradas mediante raciocínio

---

[27] *D. s. A.*, n. 76-77. Cf. também *Filosofia del Diritto*, vol II, n. 2608-610.
[28] Santo Tomás, *In I Ethic.*, lect 12, n. 139.

filosófico; a religião não destrói, mas aperfeiçoa a natureza; a revelação divina não abole, mas completa e sublima a razão; porém, a natureza e a razão são, ambas, postulados, ou seja, são as duas condições e pré-noções para o Evangelho, assim como as primeiras bases sobre as quais se levanta o edifício da Sagrada Teologia".[29]

Só assim se evitam o racionalismo e o fideísmo, duas formas de defesa exasperada, até o absurdo, dos direitos da razão a ponto de chegarem a contradizer a própria razão que não contradiz, mas reconhece racionalmente os seus limites – e tal absurdo acontece quando se raciocina com a razão desenraizada do resto do homem, isto é, desenraizada dos dois postulados da filosofia e de toda outra forma de reflexão ou de saber – dos direitos da fé e das suas verdades até colocá-las como o "antirracional", duas posições opostas que, no limite, conseguem o mesmo resultado: o homem no lugar de Deus, o que significa negar também o homem, e Deus no lugar do homem, o que significa negar também a Deus. Com efeito, se se renuncia à fé, não só a razão, mas todo o homem fica suspenso sobre si mesmo, e se subverte a ordem do ser (se dá ao homem o que não é do homem, negando-se a Deus o que é de Deus), que orienta no sentido ao assentimento às Verdades reveladas; se se renuncia à razão, confia-se na fé assim como o náufrago confia na miragem por desesperado instinto de autopreservação, e a ilusão sedutora, nesse caso a doxa, pode se preencher de qualquer conteúdo. Fundamentar-se na mera tradição é uma forma de imanentização e "secularização" da Verdade revelada, fruto da negação da verdade natural, fazendo coincidir tal negação com a mundanização ou historicização do logos, tanto isso é verdade que as modernas e contemporâneas formas de fideísmo derivam quase todas, mesmo aquelas que se lhe opõem, do historicismo, sobretudo de tipo hegeliano. Isso confirma que a fé não limita a liberdade do pensamento,

---

[29] *D. s. A.*, n. 18.

a potência; sem o pensamento e a sua liberdade não se pode nem mesmo crer.³⁰

Nem contraria a inteligência e a razão, antes perfeitamente consonante a ambas, que o próprio Deus, que deu ao homem o lume natural, lhe dê também o sobrenatural, o Verbo divino, Cristo, o único Mestre que não ensina e transmite uma doutrina, mas transmite a si mesmo, propõe-se como objeto de fé aos discípulos, Ele a verdade e a justiça viventes:³¹ Cristo ensina Cristo, é o próprio Verbo divino, do qual é depositária a Igreja por ele fundada e, por isso, seu magistério é infalível, conforme esta promessa de Cristo: "Eu estarei convosco até a consumação dos séculos";³² "Eu rogarei o Pai, e vos dará outro advogado, que permaneça convosco para sempre, o Espírito de Verdade, que o mundo não pode receber porque não o vê, nem o conhece; vós, porém, o conhecereis porque habitará convosco e estará convosco".³³ Ora, como foi conspicuamente escrito, "o maravilhoso não está em ter dado a infalibilidade ao Papa, mas em ter criado um organismo ao mesmo tempo humano e divino, com a missão única no mundo de dar e manter a verdade, a qual, nas mãos de homens abandonados a si,

---

³⁰ Santo Agostinho, *Ep. CXX*, n. 5. – Mas nem todos admitem a Revelação e nem todos aceitam como verdade o *credo* católico, dando, assim, frequentemente, prova do pior dogmatismo, a saber, aquele que nega o dogma sem conhecê-lo ou tê-lo meditado a fundo com todo o seu ser, e o fazem baseados no preconceito ou na prevenção de que a fé católica é cega e casual. Podem se convidar a conhecer melhor o catolicismo e a saborear a resistência dos motivos de credibilidade que é tarefa do filósofo católico e teólogo de repensar sempre em novas formas dialéticas, mas isso e outro não basta se não se renuncia à soberba da supremacia tirânica da razão que empurra a não admitir outro modo de conhecer a verdade que não seja aquele racional e a soberba de que é verdadeiro somente aquilo que é experimentalmente verificável, que são afinal os caprichos áulicos do homem filósofo e do homem cientista, neste caso não autenticamente tal enquanto aquilo que temem não é o comprometimento da liberdade do pensamento, mas a verdade; no fundo é a filodoxia que desencadeia a sua misologia.

³¹ *D. s. A.*, n. 86.

³² Mateus 28,20.

³³ João 14,16-17.

sempre pareceu a mais oscilante luz e a vítima mais facilmente vendida".[34] E, pelo que parece, não poucos católicos, hoje, querem vendê-la e não se sabe em troca de quê e por quê, ainda que sejam movidos por boa-fé.

---

[34] G. Siri, *La Chiesa*. Roma, Ed. Studium, 1944, p. 103.

Lição quinta

Tradição e progresso

1. Tradicionalismo conservador e revolucionarismo futurista

Os desacordos entre os homens não se desencadeiam em torno dos números, porque basta contar, nem sobre aquilo que se pode medir e pesar, mas, sim, sobre o verdadeiro e o falso, o justo e o injusto, o belo e o feio;[1] porém, por um lado, a história da filosofia não é um desfile de filósofos que reciprocamente se excomungam e contradizem – concepção própria daqueles que pouco sabem ou compreendem a respeito da filosofia– e, por outro, o filosofar, justamente porque contínuo discurso crítico e problemático sobre aquilo que não se conta, pesa e mede, é o salto qualitativo do pensamento. Nem recolocar tudo em discussão numa busca contínua e aberta significa sempre estar no mesmo ponto: cada filósofo ou movimento especulativo descobre ou evidencia novas verdades, aprofunda nelas uma nota de modo que revele a sua fecundidade e ilumine outras das quais é a sua história do pensamento. Uma

---

[1] Platão, *Eutífron*, 7b.

perspectiva filosófica que mereça verdadeiramente esse nome é uma síntese original que dá uma nova forma mental ao conjunto das verdades, renova-lhes a vida e as alimenta; portanto, toda filosofia da verdade não é uma parte ou uma porção do sistema, mas um ponto de vista novo ou um retomado e aprofundado, que pensa de novo verdades conhecidas, descobre novas verdades a partir do ser, a verdade primeira e última em que convergem todas as filosofias da verdade, embora cada uma delas permaneça dentro de uma perspectiva pessoal e inconfundível; convergência que constitui a unidade do sistema do princípio verdadeiro, que é a unidade própria daquela que chamamos metafísica clássica, sempre criticamente aberta – e a metafísica nasce problemática e antidogmática – a ulteriores repensamentos, aprofundamentos, integrações.

Justamente o filosofar ou busca perene no infinito da verdade coloca em "crise" as filosofias preexistentes, submete-as a "juízo" numa dupla direção: a da "separação" daquilo que há de caduco daquilo que contém de perene e do "repensamento" deste último à luz de novas verdades de modo que todo o sistema seja renovado e inovado. As crises fecundas – e toda perspectiva original, como tal, coloca em crise o sistema e toda uma cultura – obedecem a esse duplo processo de distanciamento do passado para libertá-lo daquilo que está morto ou vive parasitariamente e de recuperação daquilo que tem de perene ou de verdadeiro, que será recuperação autêntica se faz síntese, e como tal é "novo", com as novas verdades descobertas ou com outras aprofundadas; e a história, com efeito, como disse em outro lugar, não é o que passa, mas aquilo que fica, pelo fato, porém, de ficar não está seguro porque vivo e fecundo, carregado de novas perspectivas reveladoras de outras verdades.

São, ao contrário, estéreis e danosas ao verdadeiro progresso as crises que se limitam apenas a separar o passado do presente, recusado para "conservar", o primeiro sem futuro que não seja o fato de mantê-lo sempre mais distante e envelhecido – conservadorismo dos falsos guardiães da tradição, cantineiros que guardam garrafas de cem anos, mas sem "sabor" –; ou aqueles que, na presunção de que tudo comece a partir do instante revolucionário, o construtor infalível e impiedoso, se projetam em direção ao amanhã e propõem a nítida ruptura com o passado e a rejeição do presente, sepulcros caídos a serem destruídos – revolucionarismo de caráter futurista dos que bicam a história com truculência, fazendo-as em "pedaços" que nunca são saboreados. As duas posições extremas e opostas têm em comum a condenação total do presente e frequentemente adotam os mesmos argumentos: a primeira, com o objetivo de não mudar nada daquilo que foi, conserva o passado na mais destruidora forma dialética; a outra, com o fito de subverter tudo, não pensa em uma nova forma daquilo que quer, pois, de fato, não o sabe. Assim, esses dois modos antitéticos têm em comum o fato de serem destruidores que dispensam o pensar e o fazer seriamente e em profundidade. Com efeito, o tradicionalismo conservador, ou passadismo, não cultiva a árvore, já que mais que a vitalidade desta ele é premido a colocar os próprios interesses e a própria preguiça no lugar de folhas e ramos secos. O revolucionarismo futurista, por sua vez, julga pela aparência, elimina a árvore: o primeiro é inimigo oculto da tradição e declarado do progresso, o outro, inimigo declarado da tradição e oculto do progresso. Ambos são dois modos de negar o progresso e a tradição, e, com isso mesmo, o sentido da história e os valores que nela se revelam, negação esta que nada sobre a onda do procedimento sofístico da assim chamada "contestação global" do presente, comum ao tradicionalismo e ao revolucionarismo, que resultam duas formas de filodoxia, pertencentes, enquanto tais, ao sistema do erro. Com efeito, o primeiro conserva as opiniões ultrapassadas produzidas pela verdade e apega-se a elas, verdadeira ânsia pelo caduco e ódio pela verdade, que é expulsa no seguimento da memória a fim de não ouvir a ordem que exige a queda das folhas e a poda do que está seco para que o novo, todo premente, brote e floresça da árvore revigorada; o outro, justamente porque é movido pelo revolucionarismo, nega qualquer verdade que não seja produto dos tempos e possa ser usada ao longo do dia; ao mesmo tempo, incita que se dê um novo "salto para frente", de modo que o caos se instale mediante a desordem das opiniões que se seguem e se devoram. A ambos faltam ideias e autênticos ideais; ambos são dogmaticamente críticos, até a grosseria e estupidez, cegos pela ausência de verdade e pela comum recusa do presente que é substituído pelo futuro ou pelo passado: dois péssimos agricultores que se recusam a lançar-se ao trabalho, pois julgam mais fácil desfrutar da árvore até extinguir-lhe toda manifestação de vida, ou, então, arrancá-la de vez, lançando mão de um falso atestado de morte. Portanto, restam sempre o ódio pela verdade e a violenta constrição do logos, em lugar da sua livre reproposição, crítica e construtiva. Eis por que estamos diante de um liberticídio.

Progresso na tradição e *tradição no progresso*: o novo que não renega o passado, e dele tira alimento, as verdades adquiridas e aprofundadas no sistema, e a tradição válida proposta de novo, inteiramente, na nova verdade e intransigentemente problematizada para ulterior aprofundamento crítico, já que a verdade primeira é dialética, o princípio fundante do saber, e por isso o sistema da verdade; portanto, uma nova síntese ou perspectiva em que a própria tradição renovada e operante é vista como progresso e o próprio novo que nela afunda as raízes é tradição, as revigora e nelas é revigorado: este é o pensar e operar segundo verdade, ser "filósofo", qualquer que seja o objeto ou o problema sobre o qual reflete. Mas isso está além da "reação" ou da "restauração", da "atualização" e da "modernização", do verniz do tempo e da tinta nova, ações de fachada que mascaram o propósito de deixar o palácio cair; está além do nivelamento ao solo feito pelos *bulldozer* do futurismo: é capacidade de escavar até atingir a verdade vivente "sob a guarda do grande atraso", é "vê-la contemporânea" já que é sempre tal qual aquilo que é a verdade, de fazê-la aquilo que é repensando-a, isto é, expô-la no hoje e em cada hoje e por isso fecunda de novas verdades que a inovam, de modo que o sistema das verdades reveladas e daquelas que se revelaram mediante um processo ilimitado é todo contemporâneo na nova síntese. O "retorno ao primitivo" ou "às origens" como o "adiamento do futuro", dois momentos do tempo que não é, são dois modos opostos de se negar a verdade ao tentar cravá-la no tempo que não é mais e não pode voltar, ou, então, devolvê-la àquilo que ainda não é e não será nunca. Porque o logos: ou não é, ou é em princípio, e é sempre contemporâneo pelo fato de que é; não foi só num tempo distante, nem será apenas amanhã. O apego idolátrico e por isso supersticioso ao passado, bem como a sua total rejeição pelo fanatismo igualmente idolátrico e supersticioso do "impulso sempre mais para frente", e essas duas posições concordam na rejeição do presente, são produto da perda do "lume de tradição" e por isso mesmo também do "lume do progresso", pequeno inconveniente em que incorrem os "Ruminants de la Sainte-Alliance" e os "Montons de Panurge", as ovelhinhas ruminantes de sonhos do futuro.[2]

A uns e outros dedicamos este texto de Pascal: "Não é minha intenção corrigir um excesso com outro e não ter estima alguma pelos antigos por causa de que lhes devotaram muito. Não pretendo banir sua autoridade e exaltar apenas o raciocínio, ainda que outros pretendam afirmar somente a sua autoridade com prejuízo do raciocínio... Distribuamos com mais justiça a nossa credulidade e a nossa desconfiança e limitemos o respeito aos antigos. A razão o faz nascer, a razão deve também lhe dar medida. Consideremos que se eles tivessem tido

---

[2] J. Maritain, op. cit., p. 45.

o cuidado de não ousar acrescentar coisa alguma aos conhecimentos que tinham recebido, e se os seus contemporâneos tivessem manifestado a mesma dificuldade em acolher as novidades, teriam assim privado a si mesmos e aos descendentes o fruto das suas invenções. Como eles se serviram das coisas recebidas em herança como meios para obter outras novas – e esta feliz audácia lhes abriu o caminho para grandes coisas –, da mesma maneira devemos considerar aquelas por eles conquistadas, e, seguindo o seu exemplo, fazer delas meios e não fim do nosso estudo e, imitando-os, fazê-lo de modo a lhes superar... De tal maneira que podemos hoje aceitar novas experiências e novas opiniões, sem desprezo e sem ingratidão, já que os conhecimentos anteriormente recebidos servem de degraus às nossas próprias aquisições; e, pela vantagem que temos tido, fazemo-nos devedores dos antigos justamente por aquilo que nós os ultrapassamos". Nem "contradizer as suas opiniões" é "cometer um delito ou um atentado acrescentar-lhes algo, como se eles não tivessem deixado verdades a conhecer", que é "tratar indignamente a razão do homem e colocá-la ao nível do instinto" dos animais que estão sempre "no mesmo estado", não permitindo a natureza que eles "lhe acrescentem alguma coisa por temor que ultrapassem os limites que ela lhes prescreveu. Não é assim que se passa com o homem, que foi feito para o infinito... E qualquer que seja, em definitivo, a força da antiguidade, a verdade deve sempre nos chegar como que de improviso, mesmo se descoberta recentemente, já que ela é sempre mais antiga que todas as opiniões que já tenham havido, e seria ignorar-lhe a natureza imaginar que tenha começado a ser no próprio momento que começou a ser conhecida".[3]

Portanto, também Pascal sustenta o progresso na tradição e a tradição no progresso, desde que assegurado que a verdade

---

[3] B. Pascal, "Préface pour le Traité du Vide", in *Oeuvres Completes*. Texto organizado e anotado por J. Chevalier. Paris, Gallimard, 1954, p. 529-35.

não é um produto histórico, mas mãe da história, que não é história da verdade, mas, antes, história do seu conhecimento: historicamente, a verdade procede do ser segundo a sua ordem intrínseca, da qual é uma das formas que a revelam, e, enquanto tal, é princípio do saber; portanto, não é criação do homem, como se ele desse a si mesmo a verdade infinita e divina, a qual, no entanto, é dom de Deus feito a ele a fim de torná-lo, mediante a verdade, criatura inteligente. Mas a própria elevação da verdade nos obriga a trazê-la ao mundo das opiniões, normaliza e guia todos os princípios do ser, mediante nossa vida no mundo, e, no mesmo momento, proíbe-nos de colocar a doxa em seu lugar, como é nossa constante tentação, a fim de reduzi-la à pura mundanidade como pretende a filodoxia; de onde se segue o diálogo contínuo, o próprio homem dissemos, entre filosofia e antifilosofia. E tudo isso coincide com o que, em várias ocasiões, Rosmini escreveu sobre a tradição e o progresso: não apego à tradição, a fórmulas repetidas e cristalizadas, mas presença vivificada e vivificante do antigo no novo, do ontem no hoje e de ambos na verdade de sempre; a tradição é tradição se é processo contínuo de aprofundamento da verdade, contínuo "confiar" em quem se empenha a ulteriores aprofundamentos.[4] O processo do pensamento, de cada saber enquanto tal, coincide com a perenidade do verdadeiro: inovar e sempre renovar é o autêntico progresso "através" da história por um fim que não se realiza "na" história.

2. "Conciliação das sentenças" e "pluralismo filosófico"

As teses de Rosmini sobre a tradição e o progresso se consignam naquilo que ele escreve sobre "conciliação das sentenças": "A verdade se concilia sempre com a verdade, o erro se concilia raras vezes consigo mesmo e jamais com a

---

[4] Sobre tradição e progresso em Rosmini, cf. M. A. Raschini, *Il Principio Dialettico nella Filosofia di A. Rosmini*. Milão, Marzorati, 1961, p. 13-28.

verdade... A verdade..., eis o único ponto possível de conciliação". Nenhum homem é infalível e, por isso, "é necessário que sobrevenha o assentimento de outras mentes para confirmar a direção dos próprios raciocínios naturais". À verdade a ser descoberta é "preferível a verdade já descoberta: cremos que mesmo depois de haver tal descoberta, jamais pode faltar trabalho àquelas inteligências que queiram assumir para si a fadiga de acrescentar-lhes luz e de torná-la evidente aos olhos dos homens, persuadidos, como estamos, de que a luz da verdade pode sempre aumentar nas inteligências humanas". E isso é feito de maneira consubstancial ao princípio do sistema da verdade, o ser, o qual tem "uma natureza tão fecunda que, por mais que se cansem, em torno dele, todos os homens, eles jamais terminarão de derivar, a partir dele, novas consequências, novas, inesperadas e importantíssimas aplicações, e que amarrar, àquele princípio, todas as ciências e todos os fatos da natureza e da história que nos dizem respeito, e de reunir assim, num corpo belíssimo, tudo que é cognoscível pelo homem, é obra inexaurível e por pouco infinita".[5]

Daí se segue que "entre os sistemas verdadeiros... a conciliação é possível e maximamente desejável", desde que se obedeçam a certas normas:

a) "Vigiar atentamente para não cair na injustiça de excluir algum sistema e relegá-lo erroneamente à classe dos falsos. Caso se encontre alguma pequena parte de falsidade em consequências mal deduzidas de um verdadeiro princípio, esta deve ser corrigida, e não o próprio sistema rejeitado".

b) "Depois, é preciso distinguir a verdade das várias formas das quais ela se veste, dos vários modos de concebê-la, dos aspectos ou lados diferentes, pelos quais ela se mostra visível às mentes. Estas não são mais que outras

---

[5] *D. s. A.*, n. 52.

tantas partes da mesma verdade, nenhuma das quais exclui a outra, nenhuma contradiz a outra, cada uma lhe acrescenta um novo raio de luz. O sábio que for animado pelo espírito de conciliação encontrará sob tantas expressões diversas, entre múltiplos pensamentos, a unidade belíssima do verdadeiro, múltiplo sem mistura em suas aparições, mas sempre concorde e consentâneo consigo mesmo...".

c) Interpretar benignamente as sentenças, embora por vezes expressas de modo imperfeito, isto é "convém... entender o espírito do escritor antes que se ater à letra: considerar o que resulta de todo o contexto de vocábulos, sentenças e raciocínios, mas sobretudo colocar a atenção na coerência que houver, isto é, devemos submeter as consequências duvidosas aos princípios certos e às intenções claramente manifestadas pelo pensador".[6]

Disso resulta que as sentenças dos grandes filósofos, "deixando de lado aqueles que Cícero chama *minuti filosofi*", "coincidem nas mesmas capitais e supremas verdades e concordam com a fé e com a consciência do gênero humano, da qual aqueles outros, não filósofos, mas sofistas, que ao se dividirem, pensam, com insensatíssima vaidade, que parecem doutíssimos".[7]

Portanto, é uno o sistema da verdade; todavia, ele permite, antes, até mesmo exige, um pluralismo filosófico de extensão infinita. Portanto, "quem recolocou em discussão, a fim de aprofundá-las, todas as teses da metafísica clássica (que não se resumem a apenas Santo Tomás e tampouco à Escolástica) de Platão, e também de Parmênides, a Rosmini e outros..., é um metafísico clássico, não assimilável a este ou àquele pensador, mas alguém que deve ser avaliado pela contribuição

---

[6] *D. s. A.*, n. 53.
[7] *D. s. A.*, n. 54.

pessoal que deu ao esclarecimento, ao aprofundamento, ao desenvolvimento da metafísica clássica, repensada partindo dos problemas de seu tempo, sem reduzi-la...".[8] Essa é a única forma de pluralismo filosófico que se conforma ao sistema da verdade, que é a filosofia, e por ele se faz aceitável, na medida em que o momento que exige e assenta, em seu interior, a livre exposição e articulação de todas as perspectivas pessoais, exclui o seguinte:

a) o *relativismo*, o qual, admitido o "fato" da pluralidade das filosofias, entre as quais se incluem também as várias formas da filodoxia, assume este fato como critério de avaliação, pelo qual todas as filosofias ou assim chamadas filosofias são postas no mesmo plano. Mas, por isso mesmo, o relativismo exclui desde o início – pressuposto dogmático – que haja um princípio de verdade, que, por sua vez, é justamente o único critério de avaliação a ser assumido a fim de distinguir as filosofias das antifilosofias. Se é que o relativismo, assim entendido, é ele mesmo uma forma de antifilosofia, a qual se limita, empiricamente, à mera constatação do fato da pluralidade das filosofias e nega que haja, além do fato, um princípio de verdade; então, o relativismo eleva a si mesmo a sistema de filodoxias, o único que admite. Daí se descamba no agnosticismo, no ceticismo, na indiferença e na renúncia à busca, pela absoluta falta de critério filosófico e, a seguir, teológico e religioso. Ora, um filósofo pode ser tudo, menos relativista, agnóstico ou cético: no momento em que se tornar isso, deixa de ser filósofo, pois assume uma posição contraditória à busca da verdade ou ao "amor do saber" por força do seu relativismo sistemático;[9]

---

[8] M. F. Sciacca, *Dialogo Sereno, ma nell'Unita della Metafisica Classica*, cit., p. 6.
[9] É supérfluo advertir que assim dizendo não se desconhece a importância, sobretudo metodológica, da dúvida ou da *skepsis* nem daquela humildade e prudência necessárias ao filósofo antes de chegar às suas conclusões, nem

b) o *ecletismo* – mesmo nas formas de sincretismo e de irenismo – silenciador da busca especulativa, como dissemos, é atitude prática sem consistência teorética; no fundo, é hipocrisia intelectual que esconde, sob a cerimoniosa fórmula de crer "nesse e naquele porquanto tudo é verdadeiro", o seu verdadeiro rosto é o de não crer em verdade alguma, mesmo porque a verdade não lhe interessa. O termo "irenismo", ao menos em filosofia e em teologia, faz mau uso da sua etimologia: não se trata de paz (*eiréne*), mas de uma condescendência a tudo e a todos para se viver do modo mais acomodado possível;

c) o compromisso prático e a acomodação pragmática, da qual já falamos, porque não tem nada a ver com a filosofia e com qualquer perspectiva que se inscreva no sistema da verdade: a tomada de posição filosófica é absoluta, desligada de tudo, exceto da verdade, à qual necessariamente está unida.

Mas à medida que o pluralismo filosófico, cuja perspectiva foi por nós evidenciada, não permite essas quedas, do mesmo modo como rejeita toda forma de dogmatismo, de monopólio de uma das perspectivas do sistema da verdade, qualquer que ela seja; por isso, como disse – de trinta anos para cá e muito antes das vanguardas de hoje, as quais, como muitas vanguardas, descobrem sempre o que existia anteontem– ele não pode ser por uma filosofia perene e é pelo filosofar perene e inexaurível (a filosofia é "scepsi", diz Platão) na perenidade do sistema cujas verdades perenes estão sempre abertas a novas sondagens; desse sistema toda filosofia que o propõe de novo é uma nova síntese que o faz progredir. Mas a minha oposição aos monopólios e aos "ipse dixit" que esterilizam o sistema é bem diversa daquela de certos clérigos mais "extravagantes"

---

mesmo daquela "desconfiança" que deve haver para consigo mesmo justamente porque pensa em presença da verdade, a quem ele se confia no instante mesmo em que nela confia.

que "cultos", os quais, pueril e irresponsavelmente – como acontece a quem jamais se sentiu livre na Verdade –, querem "se libertar" desta ou daquela perspectiva filosófica, do sistema da verdade enquanto tal, até mesmo da teologia, fazendo-se inclusive que de boa-fé, *missi dominici*, embaixadores daquele *dominus* que é o mundo, diante do qual se ajoelham em adoração e, mediante isso, menosprezando-o paradoxalmente, impede o resgate dos bens temporais e o reconhecimento da sua "sacralidade", a qual, porém, não vem deles, mas do Sagrado.

Esses esclarecimentos em torno do pluralismo filosófico nos permitem outros acerca do sistema da verdade: ele não é o conjunto das várias filosofias do ser, nem uma espécie de *summa* ou de antologia. De fato, um sistema da verdade assim concebido jamais existiu e não poderá existir como filosofia válida, pois toda filosofia do ser é um sistema da verdade no sistema da verdade, que é o ser enquanto tal e na sua ordem intrínseca; toda filosofia repensa criticamente o sistema inteiro até o ponto em que se desenvolveu e coloca em discussão os vários pontos de vista, sendo ela uma nova perspectiva. O "sistema da verdade" indica a linha vertical do ser, na qual toda filosofia do ser ou ponto de vista pessoal se inscreve e para a qual todos eles convergem formando uma unidade, embora cada uma permaneça formando uma síntese nova sempre aberta a outras sínteses inovadoras. Daí se segue que a verdade, como diz Rosmini, é o único ponto de conciliação; melhor, de convergência ou de encontro das diversas filosofias dialogantes que se inscrevem dentro do único princípio comum que as gera; é também o ponto de convergência e com as filodoxias a serem combatidas não somente enquanto adversários diante de nós, mas também enquanto tentação, um inimigo dentro de nós. Ficam asseguradas nesse duelo a intransigência nos confrontos da verdade e a máxima caridade para com o outro e para com nós mesmos, sob o duplo aspecto de respeito integral da sua e da nossa liberdade, dos seus e dos nossos direitos enquanto pessoas e do empenho de nossa parte em suscitar entre os que erram o amor pela verdade (mas devemos antes ter esse amor em nós mesmos) de modo que, através dessa imensa porta, o outro se disponha a ver os seus erros, e nós, os nossos; se disponha a ver que aquele verdadeiro pelo qual aceita o sistema falso está contido ou passível de estar contido, com maior direito, no sistema da verdade, de modo que "per ardorem charitatis" conquiste a "cognitio veritatis",[10] porquanto também no campo intelectivo vale outra afirmação, também essa de Santo Tomás: "*A charitate omnia procedunt sicut a principio, et in charitate omnia ordinantur sicut in finem*".[11] Esse diálogo, o único possível, repito, por parte do filósofo e do católico, comporta não só o máximo obséquio em relação à verdade, dignidade do homem, mas também o máximo respeito recíproco entre os dialogantes: a desistência ou a acomodação é uma ofensa para ambos; mais culpável, porém, para quem está do lado da verdade, é que se faça um jogo de puxa e empurra, com o consequente desprezo de si e do outro a fim de obter algo que seja "numeroso".

Sobre a verdade não se pode colocar a questão de confiança; por essência, a verdade não se submete ao voto da maioria, mas por isso mesmo, no campo político, é o fundamento de uma autêntica democracia, do contrário, se radicaliza em conflito no qual restam apenas duas saídas: aquela do poder ao custo de qualquer delito e a da verdade ao custo do martírio.

3. Em que sentido a Igreja pode andar ao encontro do mundo moderno

Não poucos católicos, preocupados com os votos e maiorias, propõem, hoje, modalidades de diálogo que, de maneira

---

[10] Santo Tomás, *Comm. In Ev. Jo.*, V, 6.
[11] *Comm. In Ev. Jo.*, XV, 2.

mais ou menos clara, impelem à negação, na letra e no espírito, das verdades da sua fé. Quase sempre apelando ao Concílio Vaticano II – cujos esquemas estão bem distantes de semelhantes aventuras – e ao ecumenismo, no afã de se tornarem ser perfeitos ecumenistas deixam de ser católicos e também cristãos. Ir ao encontro do mundo, motivo recorrente e legítimo, conforme esclarecemos, dever ao qual todo autêntico católico sempre acorreu, já que ser católico comporta, também, o empenho no mundo segundo a época em que se vive, desde que assegurada a integridade da fé dentro dos limites de uma sábia prudência que aconselha não transportar triunfalmente, para dentro dos próprios muros, o cavalo de Troia fabricado pela astúcia em honra de Zeus. Não obstante, pretende-se ir ao encontro do mundo de um modo realmente singular: tornar "apetecível" o cristianismo, acomodando ao gosto de hoje as suas verdades divinas e a religião em seu conjunto, a ponto de fazer do próprio cristianismo, conforme o caso, um pastiche sem Deus e sem dogmas, isto é, ateu e sem verdades de fé, empresa que consiste em se entregar à opinião, que não é nova nem passageira, daqueles que, fundados no preconceito de que não há religião revelada, fazem de qualquer religião um produto ou um subproduto desta ou daquela civilização, produto destinado a se transformar e a morrer com ela, operação esta que há tempo grassa sob o nome de "secularização", "mundanização" ou "historicização" do religioso, já realizada, justamente na pele do cristianismo, desde Hegel, pela assim chamada esquerda hegeliana e não sei por quantas outras direitas e esquerdas. Por outro lado, quem submete o seu *credo* ao número de votos é obrigado a acomodá-lo conforme aquilo que é louvado pela maioria: eis o método da filodoxia.

Para justificá-lo, recorre-se ao espelho da eficácia. Não duvido de que um cristianismo assim reduzido possa ser apetitoso; pena que não seja mais o cristianismo. Se pregasse que todos os vícios são permitidos e que ceder a todas as tentações é uma virtude excelsa, tornaria assim eficacíssima a tão odiada virtude, mas, nesse caso, o modelo perfeito do virtuoso seria certo personagem de Oscar Wilde. No entanto, isso não é verdade: se assim se fizesse, conseguer-se-ia apenas o desprezo dos que detestam a virtude e não conseguem resistir a uma tentação. Com efeito, depois de tantas tentativas de tornar palatável o cristianismo, até mesmo negando-o como religião, um desses estrategistas, católico, confessa: "No plano estritamente religioso, os resultados não foram grande coisa, mas foram notáveis no plano humano". Grande vantagem para o catolicismo! Por isso, é sempre válido o que escreveu Schiller: "Vive com o teu século, mas não sê sua criatura. Dá aos teus contemporâneos não o que eles estão dispostos a louvar, mas aquilo que lhes é necessário".[12] E nada hoje é mais necessário, justamente porque o processo de descristianização avança, que um catolicismo sólida e decisivamente firme em suas verdades, destemido ante a tempestade dos que gritam contra a sobrevivência de "mitos" ultrapassados e desandam a tagarelar sobre o desmantelamento de toda ordem sobrenatural, de assimilação do catolicismo nesta ou naquela cultura até perder sua essência.

De fato, segundo os próprios documentos do Concílio, a verdade deve ser aceita de onde quer que ela venha, e verdades particulares se encontram em todas as culturas e também em todas as religiões, já que o homem, enquanto tal, é capaz de alcançar a verdade. Mas esse "pluralismo cultural" que, dentro de limites precisos, pode favorecer a penetração do católico e da sua fé – superior ao pseudouniversalismo técnico-científico de marca positivista que leva em conta a aproximação geográfica, mas deixa quase intactas as enormes distâncias históricas dos povos – significa, segundo o Concílio, busca e difusão da verdade, princípio de todo

---

[12] *Sobre a Educação Estética do Homem,* Carta IX.

saber e, no terreno religioso, busca da verdadeira religião: não abandono, desistência, desta última e menos ainda relativismo e agnosticismo, mas compreensão, para melhor difundi-la em sua integralidade, da história dos povos, diversos por tradições, costumes, instituições, psicologia, etc. "E todos os seres humanos convidados a buscar a verdade, especialmente no que se refere a Deus e à sua Igreja, são convidados a aderir à verdade na medida em que a conhecerem e a render-lhe homenagem. O Sagrado Concílio professa também que esses deveres atingem e vinculam a consciência dos homens, e que a verdade não se impõe senão em virtude de si mesma, a qual se difunde na mente suavemente e, ao mesmo tempo, com vigor".[13] Semelhantemente "pluralismo teológico" significa que o "sagrado depósito da Revelação" não está ligado a uma filosofia, a uma cultura, a uma civilização nem a esta ou àquela escola teológica, mas que, por sua riqueza, profundidade, inexauribilidade, pode dar lugar a diversas hipóteses e a várias escolas, mesmo em novas formulações, desde que se limitem a dar uma nova forma mental às verdades como foram definidas infalivelmente pela Igreja, e não enquanto extraviam em direção a uma interpretação deformada. Ao contrário, com o pretexto da desmitologização, desromanização e deselenização do cristianismo, querem expulsar a Deus e ao sobrenatural da teologia, fazendo de Cristo e do Seu ensinamento uma mera mensagem social, de pacifismo, de humanitarismo, etc., uma exortação ao homem para que se purifique dos seus egoísmos em vista de uma abstrata comunidade mundial; refugo do *Nouveau Christianisme* de Saint-Simon, segundo o qual a renovação religiosa cristã deveria consistir na realização desse acordo universal para dar unidade à vida social. Nesse ponto, o pluralismo teológico, o reverso da medalha do ecletismo em filosofia, identifica-se com a pura impiedade.

---

[13] *I Documenti del Concilio Vaticano II*, Edizioni Paoline, 1966, p. 599.

Mas então os católicos e os cristãos não devem contribuir para a construção de um mundo melhor conforme as ordens das instâncias sociais e os ditames da civilização tecnológica na qual estão vivendo e agindo? É evidente que devem fazê-lo e com todo o empenho de que cada um é capaz, mas isso não significa que a passagem de uma vida sub-humana a outra que seja humana represente a realização perfeita e acabada do amor cristão e o fim último do cristianismo como tal, que é antes de tudo e sobretudo o da salvação eterna em Cristo, o Salvador, em cuja imitação o cristão deve viver, pensar, querer, agir na Sua Igreja. Do contrário, se a mensagem de Cristo se reduz, conforme pretende o dito processo desmitologizante, à exortação para que se construa essa nova sociedade e, ao fim dessa construção, se pretende que a salvação doada, com o Seu sacrifício redentor, a cada homem singularmente e, simultaneamente, à comunidade dos crentes, coincida com qualquer mensagem mundana como se tivessem os mesmos fins, de modo que ser cristão ou ser um agente social qualquer em vista de uma sociedade melhor não faz nenhuma diferença senão, talvez, nos métodos, sendo idêntico o ponto de partida e o fim último que se quer obter. Então, como diz um reverendo padre, que é apenas mais um dos tantos reverendos empenhados atualmente nessa empresa, pode escrever que não são mais necessárias, de nada servem, as peregrinações aos lugares santos e que é mais cristão dar de comer a quem tem fome que promover manifestações eucarísticas.[14] Nessa altura, coincidem a resposta cristã e a leiga, marxista ou não, já que a ideia de uma sociedade melhor ou perfeita de amanhã é a única resposta leiga, qualquer que seja o modo que seja formulada e executada.

Portanto, não há sentido dizer, ou então aí há algo bastante equivocado e superficial, que é preciso acolher a civilização tecnológica do bem-estar para inserir, como tarefa dos

---

[14] "Temoignage Chrétienne", 15 jun. 1967.

cristãos, dentro da construção do mundo de amanhã, a construção cristocêntrica e teocrática, porque, caso se aceite tal civilização como ideal, é impossível a inserção do cristianismo como mensagem mística de salvação ultraterrena, e porque, uma vez aceito que ciência e técnica esgotam toda a riqueza do saber humano, exceto a da espiritualidade – estamos na habitual e inútil "autoajuda" –, acaba se menosprezando a base filosófica e moral, e suprime-se, como supérfluo, o problema do fundamento do saber ou da forma do pensar (filosofia) e, com ele, a possibilidade da ciência a respeito dessa ou daquela atividade humana, e também o problema da "vida feliz". Nesse deserto de valores à luz sinistra de uma pura civilização tecnológica do bem-estar, como é possível enxertar a concepção cristocêntrica e fazer resplandecer o sol da espiritualidade cristã essencialmente mística e ultramundana? O próprio marxismo, que na "revolução total" se iludiu que poderia realizar o Absoluto – ilusão comum a toda forma de historicismo – está pagando com a sua inevitável crise o duro preço dessa ação entregue ao tempo, ação que, como tudo aquilo que é temporal, tem o tempo como limite – crise presente na contradição entre "materialismo dialético" e "materialismo histórico". Porém, o Absoluto que cria o tempo é Aquele que está fora de todos os tempos. O materialismo histórico, no entanto, deve repelir como mítico tudo aquilo que não se explica mediante as situações histórico-sociais de um grupo humano e do mundo externo ou sensível, isto é, deve eliminar a filosofia e, por isso mesmo, a possibilidade de uma filosofia da história, a fim de se contentar apenas com a ciência, a técnica e a história como ciência e técnica.[15] Daqui o neoempirismo da sociedade tecnológica, caída do marxismo abaixo de si mesmo, onde, segundo a mentalidade tecnocrata, o primeiro lugar convém ao "engenheiro social", dirigente e controlador impiedoso de uma sociedade rigorosa e racionalmente planificada.

---

[15] Sobre esse ponto e sobre a crítica do marxismo em geral em relação ao cristianismo são esclarecedores os escritos de Augusto Del Noce.

Estamos de novo diante de Saint-Simon, isto é, diante da pura impiedade, cuja negação do religioso e do sagrado é uma consequência da expulsão da filosofia e da moral, do princípio de verdade que torna possível o saber ou a ciência e que, encarnado na ação e feito seu princípio, constitui a sabedoria.

Uma sociedade, marxista ou qualquer outra que seja, rebaixada a esse nível ao qual também o mundo assim chamado ocidental se precipita, está pronta a aceitar o diálogo com um cristianismo meramente social conforme anteriormente descrito, isto é, diálogo com uma mensagem cristã também ela rebaixada ao mesmo nível. Nesse ponto, porém, não há mais diálogo entre cristãos e não cristãos, antes entre os adeptos da mesma paróquia anticristã ou descristianizada; nem se trata de ir ao "encontro do mundo moderno", mas sim de se deixar fagocitar.

Todavia: a) não estão perdidos e devem ser recuperados todos os autênticos fermentos de paz entre os povos e de fraternidade humana, conscientes, todavia, de que o cristianismo que não é uma utopia – eterna é a luta entre as duas cidades – bane da terra todo otimismo fácil; b) deve ser promovido todo progresso que leve à solução do problema da fome e à elevação do nível de vida dos homens, tendo, porém, a consciência limpa e inquebrantável de que esse não é o único fim da Igreja e que a civilização tecnológica pode perder os seus aspectos negativos e tornar-se um bem para o homem apenas se revela a sua verdade na verdade, se encarna, em suas manifestações, os valores espirituais pelo qual o homem tem dignidade de homem também como ser corpóreo e se encarna as verdades de Cristo, o qual não falou, nem foi morto e ressuscitou unicamente para fundar uma sociedade de produção e de livre comércio, por um pacífico bem-estar, mas, sobretudo, para a obtenção do Reino eterno, que não é deste mundo. Mas, a fim de que o cristianismo assuma essa tarefa – e este é o verdadeiro modo de vir ao encontro do mundo moderno –

é absolutamente necessário: a) que se mantenha fiel ao princípio da verdade ou do ser, a partir do qual todo verdadeiro e todo ente, isto é, ser de alguém "pensante" em qualquer coisa que faça: este é o verdadeiro baluarte ou a resistência cultural e moral; já que "saber" fazer uso da técnica não é um problema técnico, como escreve Bérgson, e que a liberdade procede do interior ao exterior e, por isso, nenhum progresso técnico nos pode dá-la, embora possa favorecê-la; b) manter intacta as verdades cristãs, conforme o Magistério da Igreja, sem a menor concessão ou acomodação: eis a necessidade imposta ao nosso empenho de dialogar com o mundo em que vivemos se queremos melhorá-lo profundamente e se o diálogo quer, de fato, ter algum sentido e, por outro lado, não quisermos trair, desde o início, a nossa tarefa. Também Montaigne, embora fosse um gênio da doxa, mas não um filodoxo, adverte: "Basta ao cristão crer que todas as coisas vêm de Deus, recebê-las com reconhecimento da sua divina e imperscrutável sabedoria e aceitá-las de boa vontade, sob qualquer aspecto elas sejam enviadas. Considero demasiado mau o que vejo atualmente, isto é, o afã de se estabelecer e apoiar a nossa religião na prosperidade de nossos empreendimentos. Nossa fé tem muitos outros fundamentos, sem que seja preciso autorizá-la por meio de empreendimentos".[16]

Nem sequer por meio da ciência, qualquer que seja o seu desenvolvimento, o qual, de resto, não poderá ultrapassar os limites próprios da própria ciência e aqueles conaturais ao pensamento humano. Daí se segue, embora se trate de um pseudoproblema, a necessária cautela ao se tentar e aceitar a síntese, ou assim chamada síntese, entre fé e ciência, sobretudo quando tais tentativas não têm nenhuma consistência científica e menos ainda filosófica, propondo a subversão ou renegação da teologia católica. Certo jesuíta[17] "famosus", mas

---

[16] *Essais*, I, I, c. XXXI.
[17] Clara alusão a Teilhard de Chardin S.J. (1881-1955). (N. R. T.).

não "egregius" e, menos ainda, "illustris", profeta de uma humanidade "planetizada", onde é superada toda diversidade entre os povos, e autor de uma "fantateologia", como escreve Gilson, onde Cristo é visto como uma espécie de motor da evolução cósmica – o Cristo de Nazaré seria o "germe concreto" do Cristo – Ômega, identificação última da Cosmogênesis e da Cristogênesis – e Deus é identificado com o progresso evolutivo, pelo qual as suas efusões são solicitadas de visão de uma unidade de mundo, humanidade e Deus, o todo através de uma contínua gratuita passagem da ciência à filosofia e à teologia, sem que alguma afirmação seja justificada e num estilo impreciso, vago e vazio. Mas tais autores não são suscetíveis de discussão e são bons somente para a propaganda e as manobras políticas, que aqui não interessam.

Interessa-nos, ao contrário, dizer que as sínteses assim chamadas conciliativas entre fé e ciência são deste tipo ou de outros semelhantes, com o objetivo de fazer aceitar aos católicos a ciência moderna e, aos cientistas, o catolicismo ou um cristianismo não qualificado, além do fato de tais sínteses não terem a mínima importância filosófica, científica e teológica, significam simplesmente isto: um convite aos católicos para que renunciem às verdades de fé em favor da ciência moderna e de uma fantateologia, operação pretensamente favorável à ciência, mas contrária ao catolicismo. Da parte dos cientistas, ou eles são católicos e continuarão a crer no Evangelho qualquer que seja o progresso científico, ou eles não são católicos e não virão a sê-lo, até mesmo porque o catolicismo que lhes é proposto já é negado pelo mundo e no mundo, ao menos do modo como é proposto, e se riem, do ponto de vista científico, do único organismo planetário que, no estágio super-humano, irá igualar-se ao ponto Ômega: o qual, enfim, é um dos tantos vômitos de uma velha tese que tem muito em comum com elucubrações positivistas do século XIX; além disso, o tal padre jesuíta não dispõe de novas armas dialéticas distintas do seu êxtase visionário e a abundância de maiúsculas e pontos de exclamação de que se serve usualmente.

A essa altura, digamos que, para um crente, não existe o problema do encontro das verdades de fé com a ciência e com o mundo moderno no sentido de excogitar de que maneira as verdades de fé possam ser acomodadas para realizar a mútua penetração das duas ordens, embora exista o problema da renovação da forma dialética ou mental ao serem apresentadas tais verdades, que já é outro discurso, válido sobretudo no plano da cultura em geral. Se esse problema existe, então não há mais fé nas verdades reveladas, tanto ele contraria os Textos sagrados, a tradição e o Magistério da Igreja, as manipula até desnaturá-las de modo a que possam estar de acordo com uma ciência ou outra, as quais são, enfim, a única coisa em que verdadeiramente se crê; com efeito, procura colocar no mesmo plano as verdades de fé – e por isso mesmo não mais as considera tais – e as contribuições culturais, mesmo que sejam meras hipóteses ou opiniões, e assim fazendo, não admite o princípio da verdade. Tudo está a provar que tipo de renúncia deve se aceitar a religião católica toda vez que o diálogo sobre o mundo moderno é colocado no terreno da sua adaptação a este último, isto é, da sua adaptação a uma situação histórica que a nega radicalmente, ao invés de conduzi-la a uma perspectiva que a repense à luz das suas verdades intangíveis. A essa altura, as verdades reveladas e todo o âmbito do religioso sofrem uma corrupção por afogamento, cujo êxito será o fim da religião, fim este idêntico ao das forças que a negam e oposto às intenções de torná-la por elas aceitável a tais forças e, por isso, operante no seu interior. Isso explica por que as correntes antirreligiosas ou também leigas encorajam com a mais dolosa propaganda toda tentativa de diluição da religião, vendo nisso o seu melhor aliado.

Propõe-se de novo, aprofundada e esclarecida, a nossa tese, a saber: a renovação, desde dentro, das formas institucionais da Igreja a fim de que se liberte do velho que não tem a nobreza do antigo e o inadiável repensar do sistema da verdade sobre todos os planos em novas formas mentais e em harmonia com as exigências de hoje, sem desperdício de tempo, assim como no fundo fez, vencendo as intransigências, o pensamento cristão dos primeiríssimos séculos a Santo Tomás ao confrontar-se o Mundo Antigo e com quanto pertencia à esfera do mundano. Eis aqui o ponto: isso foi possível a) porque renovou e inovou, atingiu uma profundidade de pensamento que lhe permitiu progredir na tradição e de manter revigorada a tradição no progresso; b) porque uma luz de fé viva e indefectível na Revelação o estimulou e guiou nessa tarefa, cujo fim era justamente salvaguardar a verdade de Cristo e da sua Igreja e não uma tentativa de modernização exterior ou de adaptação a este ou aquele aspecto do mundo grego e romano. Eis o problema essencial, hoje e sempre: sentir contemporâneas as verdades cristãs e, com a fé que move montanhas, convencer-se de que o problema não é o de conquistar ou não perder prosélitos e clientes, mesmo a custo da corrupção da fé – atitude política e filodoxa, que faria da Igreja, que deixou de ser felizmente, há muito, uma potência mundana, e por uma via transversal mais perigosa, um "negócio político". O problema é ter intensidade de fé, a ponto de, embora fiquem poucos, ser possível semear, com esperança, inclusive nas consciências mais relutantes ou mais desgarradas, ao custo da incompreensão, da zombaria mais humilhante e da perseguição, da indiferença mais aviltante.

Somente assim o erro pode fazer com que brilhe mais a verdade: "*Facit eminere quid Ecclesia sentiat, et qui habeat sana doctrina*".[18]

Uma célebre passagem de São Paulo indica a nossa tarefa de cristãos na atual situação histórica e em toda situação:

---

[18] Santo Agostinho, *Confissões*, I. VII, c. XIX.

"*Praedica verbum, insta opportune, importune: argue, obsecra, increpa in omni patientia, et doctrina. Erit enim tempus, cum sanam doctrinam non sustinebunt, sed ad sua desideria coacervabunt sibi magistros, prurientes auribus; et a veritate quidem auditum avertent, ad fabulas autem convertentur. Tu vero vigila, in omnibus labora, opus fac evangelistae, ministerium tuum imple. Sobrius esto. Ego enim iam delibor, et tempus resolutionis meae instat. Bonum certamen certavi, cursum consummavi, fidem servavi*".[19]

---

[19] São Paulo, 2 Timóteo 4,2-7. Dou a tradução para os católicos neomodernistas: "Proclama a palavra, insiste, no tempo oportuno e no inoportuno, refuta, ameaça, exorta com toda paciência e doutrina. Pois virá um tempo em que alguns não suportarão a sã doutrina, pelo contrário, seguindo os seus próprios desejos, como que sentindo comichão nos ouvidos, se cercarão de mestres. Desviarão os seus ouvidos da verdade, orientando-os para as fábulas. Tu, porém, sê sóbrio em tudo, suporta o sofrimento, faze o trabalho de um evangelista, realiza plenamente o teu ministério. Quanto a mim, já fui oferecido em libação e chegou o tempo de minha partida. Combati o bom combate, terminei a minha carreira, guardei a fé".

DADOS INTERNACIONAIS DE CATALOGAÇÃO NA PUBLICAÇÃO (CIP)
(CÂMARA BRASILEIRA DO LIVRO, SP, BRASIL)

Sciacca, Michele Federico, 1908-1975
  Filosofia e antifilosofia / Michele Federico Sciacca ; tradução
Valdemar A. Munaro. – São Paulo : É Realizações, 2011. – (Coleção
Filosofia Atual)

  Título original: Filosofia e antifilosofia
  ISBN 978-85-8033-009-0

  1. Filodoxia 2. Filosofia 3. Metafísica I. Título. II. Série.

11-01945   CDD-100

ÍNDICES PARA CATÁLOGO SISTEMÁTICO:
1. Filosofia   100

Este livro foi impresso pela
Prol Editora Gráfica para
É Realizações, em fevereiro
de 2011. Os tipos usados
são Minion Condensed e
Adobe Garamond Regular.
O papel do miolo é chamois
fine dunas 120g, e o da capa,
curious metallics lime 300g.